ANDREA JOLANDER
DENKEN SIE JETZT NICHTS!

ANDREA JOLANDER

DENKEN SIE JETZT NICHTS!

Warum wir instinktiv
die besten Entscheidungen
treffen

HEYNE ‹

MIX
Papier aus verantwor-
tungsvollen Quellen
FSC® C014496

Verlagsgruppe Random House FSC® N001967
Das für dieses Buch verwendete
FSC®-zertifizierte Papier *Super Snowbright*
liefert Hellefoss AS, Hokksund, Norwegen.

Redaktion: Angelika Lieke
Umschlaggestaltung: Nele Schütz Design
unter Verwendung von shutterstock/ufuk sezgen
Satz: Leingärtner, Nabburg
Druck und Bindung: GGP Media GmbH, Pößneck
Printed in Germany 2015
ISBN: 978-3-453-20086-9

www.heyne.de

Inhaltsverzeichnis

Vorwort

Stellen Sie sich Folgendes vor: Ein Freund, eher mit zwei linken Händen ausgestattet, erzählt Ihnen, er habe endlich in seiner Wohnung Bilder aufgehängt. Er sei ja nun nicht so der Held mit dem Hammer, aber letzten Endes habe er es doch geschafft, für alle Bilder den passenden Platz zu finden. »Aber was ganz anderes«, sagt er und hält Ihnen seinen tiefblauen Daumennagel unter die Nase. »Hast du eine Ahnung, was das sein könnte?«

Eine Freundin hatte sich schon lange vorgenommen, endlich einmal etwas für sich zu tun, und hat sich zu einem Step-Aerobic-Kurs angemeldet. Zum Fortgeschrittenenkurs, denn es soll schließlich auch etwas bringen. Eineinhalb Stunden lang ist sie am Abend zuvor ununterbrochen auf den Stepper rauf- und wieder vom Stepper runtergestiegen. »Wie war es denn?«, fragen Sie und bekommen zur Antwort: »Es war schon anstrengend, aber gut. – Aber weißt du, was total doof ist? Da hab ich mich endlich aufgerafft, wieder Sport zu machen, und ausgerechnet jetzt werde ich krank. Seit heute Morgen habe ich entsetzliche Schmerzen in den Waden.«

Sie haben recht. Diese Szenen klingen ausgesprochen unglaubwürdig. Natürlich habe ich sie mir ausgedacht. Es ist höchst unwahrscheinlich, dass wir, was unseren Körper betrifft, so wenig Ahnung von Ursache und Wirkung haben. Wer es beim Sport übertreibt, kriegt Muskelkater, und der Daumen wird blau, wenn man sich ein paarmal kräftig mit dem Hammer draufgeschlagen hat.

Allerdings sind wir bei körperlichen Beschwerden viel eher bereit zu glauben, dass sie dem anderen Kummer verursachen, als wenn es sich um seelische Nöte handelt. Jemand erzählt beispielsweise, er wache immer mitten in der Nacht davon auf, dass sein linker Fuß sich anfühle, als sei gerade ein Lkw darübergefahren, und er sei damit zum Arzt gegangen. Der habe sofort wissend genickt und der Sache einen sehr langen lateinischen Namen gegeben. Jetzt müsse der Geplagte ein bestimmtes, völlig nebenwirkungsfreies Präparat einnehmen, und wenn er das vergesse, kämen die Beschwerden sofort wieder. Wahrscheinlich würde der Gesprächspartner sagen: »Was es nicht alles gibt!« Aber er würde nicht eine Sekunde daran zweifeln, dass etwas Derartiges wirklich existiert.

Was die Psyche betrifft, sieht es bezüglich der Kenntnis des Prinzips von Ursache und Wirkung allerdings meist eher so aus wie in den nachfolgenden Beispielen:

Eine Freundin, die schon öfter mal Durchhänger hatte, unternimmt einen Selbstmordversuch, und ihr Umfeld fragt sich: Hat sie denn gar nicht an ihre Kinder gedacht?

Ein Politiker, der lange über einen untadeligen Ruf verfügte, gerät plötzlich ins Zwielicht, und anstatt eine überzeugende Erklärung abzugeben, verstrickt er sich immer mehr in Ausreden und Lügen. Warum gibt er sein Fehlverhalten nicht einfach zu?

Wir lesen in der Zeitung von Eltern, die ihr kleines Kind immer wieder quälten und es schließlich verhungern ließen. Wie können Menschen so wenig Mitgefühl besitzen?

Im Fernsehen wird vom Amoklauf eines bislang unauffälligen und scheinbar angepassten jungen Mannes berichtet. Menschen legen am Tatort Blumen nieder und Zettel, auf denen immer wieder die eine Frage steht: *Warum?*

In einer Psychotherapie lernen Menschen, woran es ganz speziell bei ihnen gelegen hat, dass sie Symptome entwickelt haben, die sie selbst nicht verstehen. Aber darüber hinaus begreifen sie auch viel darüber, wie unser aller Psyche funktioniert, und sie sehen die Welt zukünftig mit anderen Augen. So wie der Absolvent einer Kunstschule einen Baum völlig anders betrachtet als ein normaler Spaziergänger.

Natürlich ist es schön, dass gelungene Psychotherapie so wirksam ist, dass Menschen anschließend gesünder und zufriedener sind und die Krankenkassen damit erwiesenermaßen locker wieder einsparen, was die Behandlung sie gekostet hat. Aber es ist nicht einzusehen, warum man erst nach einer Psychotherapie wissen sollte, warum man tickt, wie man tickt, und warum unsere Umwelt wiederum so ganz anders tickt. Und warum man erst dadurch wieder Zugang zu den Kräften bekommt, die in uns allen vorhanden sind.

Ursprünglich steht uns eigentlich alles zur Verfügung, was uns psychisch gesund und leistungsfähig sein lässt. Wir werden wohl nie in vollem Ausmaß begreifen können, wozu wir wirklich imstande sind. Wichtig ist es aber, zumindest eine Ahnung davon zu bekommen, wie erstaunlich, kreativ und stützend das ist, was den innersten Kern unserer Psyche ausmacht, und wie selbst das, was wir als unverständlich, absurd oder störend empfinden, in Wahrheit mit den inneren Helfern in unserem Gehirn zusammenhängt, die unermüdlich, Tag und Nacht, bei der Arbeit sind, um uns zu stabilisieren und am Leben zu erhalten.

In diesem Buch möchte ich Ihnen etwas von dem vermitteln, was unsere Patienten über sich selbst und über die Welt lernen.

Ich habe in meiner langjährigen Arbeit als Psychotherapeutin immer wieder erlebt, wie allein das Wissen darüber, wie wir funktionieren, Patienten zu einer neuen, liebevolleren Einstellung sich selbst gegenüber verholfen hat. Sie haben begriffen, dass alles, was sie zuvor an sich ablehnten, einen Sinn ergibt und Ausdruck nicht der kränksten, sondern der gesündesten Teile in uns ist. Es ist nicht einzusehen, dass es sozusagen ein Geheimwissen sein sollte und dass man erst psychisch erkranken muss, um etwas davon zu erfahren.

Was Psychologen und Hirnforscher in den letzten Jahrzehnten herausgefunden haben, ist wahrlich revolutionär, denn es stellt alles auf den Kopf, was wir über uns zu wissen glaubten. Wenn etwas unser Weltbild infrage stellt, verunsichert uns das und macht möglicherweise zunächst sogar Angst. In der Tat schrieb der Leser eines Buches, das sich mit Hirnforschung beschäftigt, er habe einer Freundin begeistert davon erzählt, was er an spannenden Erkenntnissen über die gigantische Macht des Unbewussten gewonnen habe. Sie habe geantwortet, er solle sie bloß damit verschonen, ihr mache das alles Angst.

Aber keine Sorge: In dem, was ich Ihnen in diesem Buch aufzeigen möchte, liegt nichts Unheimliches. Angst ist völlig fehl am Platze, hier ist allenfalls Respekt vor uns selbst angesagt.

Ich erinnere mich, dass eine meiner allerersten Patientinnen mir vor vielen Jahren gegen Ende unserer Therapie am Rande eine kleine Episode erzählte.

»Ich wollte mir vor ein paar Tagen etwas zum Anziehen kaufen«, berichtete sie. »Bisher war das meistens eine frustrierende Angelegenheit. Bei jedem einzelnen Teil habe ich mir endlos überlegt: Passt das zu mir? Steht mir das? Dieses Mal bin ich in den Laden, habe diesen Rock gesehen und wusste sofort: Das ist er. Das ist *mein* Rock.«

Natürlich war die Patientin ursprünglich nicht wegen ihrer Shopping-Probleme zu mir gekommen, nicht einmal deshalb, weil sie generell große Schwierigkeiten gehabt hätte, Entscheidungen zu treffen. Die Rock-Geschichte war lediglich ein Abfallprodukt einer erfolgreichen Therapie. Im Laufe der Behandlung hatte sie gelernt, sich auf ihr Bauchgefühl zu verlassen und es nicht durch ständiges Grübeln infrage zu stellen.

Im ersten Teil des Buches werden wir uns mit diesem Thema befassen, und Sie werden anschließend nicht nur wissen, warum ein gutes Verhältnis zum Unbewussten Zeit beim Shoppen sparen kann, sondern Sie werden generell in Zukunft mehr Hochachtung vor den Teilen Ihres Denkapparats haben, die Sie bisher sträflich unterschätzt haben.

Im zweiten Teil möchte ich Ihnen zeigen, wie wichtig – und wie gesund und sogar lebensverlängernd – es ist, sich selbst nicht gegen den Strich zu bürsten, indem man sich Normen selbst da anpasst, wo niemand es verlangt. Denn sonst entfremden wir uns von dem gesunden Maßstab, den wir alle in uns tragen, dem besagten Bauchgefühl.

Eine wichtige Rolle in der Psychotherapie spielt die Ursachenforschung. Im dritten Teil werden wir uns damit beschäftigen, wie unser Unbewusstes entstanden ist und womit es zusammenhängt, dass unsere frühen Erfahrungen – unsere ganz, ganz frühen Erfahrungen – oft so prägend für unser Leben sind.

Im letzten Teil erfahren Sie, welche Möglichkeiten es schon heute für uns gibt, möglichst früh zu lernen, gesunde innere Impulse zu entwickeln, woher es kommt, dass dieses Wissen so wenig verbreitet ist, und warum Menschen tatsächlich oft erst psychisch erkranken müssen, um zu erfahren, was eigentlich jeder über sich wissen sollte.

Wie meine bisherigen Bücher wendet auch dieses sich in erster Linie an Menschen, die sich bislang in den Bereichen Psychologie, Psychotherapie und Hirnforschung noch nicht allzu ausgiebig getummelt haben. Aber selbst wenn Sie sich mit diesen Themen bereits intensiver befasst haben, ist unter Umständen die eine oder andere interessante neue Erkenntnis für Sie dabei.

Wer allerdings gern Sachbücher liest, die so stringent aufgebaut sind wie eine mathematische Formel, wird mit diesem Buch nicht unbedingt glücklich werden. Ich plaudere gern, mache zwischendurch auch mal einen Umweg oder bleibe an einer interessanten Wegmarke etwas länger stehen. Über zwei Drittel meines Lebens habe ich mich mit dem Unbewussten befasst. Das hinterlässt Spuren. Das Unbewusste hat es nicht so mit dem Strukturierten, es funktioniert eher assoziativ, also nach der Methode »ach, übrigens …«

Wenn Sie dieses Buch am Ende zugeklappt haben, werden Sie besser verstehen, warum die Menschen in Ihrem Umfeld und auch die, von denen Sie nur in der Zeitung lesen, sind, wie sie sind. Vor allem aber werden Sie dem, was Ihr

Unbewusstes vermag, in Zukunft mit mehr Respekt begegnen. Und damit auch sich selbst.

Begleiten Sie mich also zunächst auf einen Besuch in Ihr faszinierendstes Körperteil: Ihr Gehirn.

Unser Unbewusstes –
Helfer und Lebensretter

Was Sinne und Instinkt vermögen

Was Menschen imstande sind, körperlich zu leisten, soll hier kein Thema sein. Über unseren Körper wissen wir ja einigermaßen Bescheid, und wenn wir mehr über seine Leistungsfähigkeit erfahren wollen, blättern wir im Guinnessbuch. Nein, das, worum es hier gehen soll, spielt sich komplett in unserem Kopf ab.

Alle Fähigkeiten, von denen hier die Rede sein wird, haben eines gemeinsam: Sie steuern unser Verhalten, ohne dass wir auch nur das Mindeste davon mitbekommen. Dieser Gedanke ist allenfalls zunächst etwas unangenehm. Je mehr Sie sich mit diesen Fähigkeiten beschäftigen, desto mehr werden Sie erkennen, dass sie uns nicht beherrschen, sondern uns dienen. Auch wenn diese Vorstellung manchem inzwischen politisch unkorrekt erscheinen mag: Fast jeder träumt am Ende eines langen, harten Arbeitstages irgendwann einmal davon, zu Hause von einem Heer von Dienstboten erwartet zu werden. Köchin, Gärtner, Hausmädchen, Putzfrau, Chauffeur – vielleicht noch ein Personal Trainer und ein Masseur? Es ist wohl tatsächlich am hilfreichsten, unsere im Verborgenen wirkenden Fähigkeiten so zu betrachten: als ein Heer von unsichtbar tätigen Helfern, die uns eine Menge Arbeit abnehmen, die uns vor Fehlern schützen und die manches sehr viel besser können als wir selbst.

Schauen wir uns das zunächst einmal in Bereichen an, die zumindest noch nicht unmittelbar etwas mit unserer Psyche zu tun haben. Beginnen wir mit einigen der Leistungen, die unsere *Sinne* imstande sind zu vollbringen, ohne dass wir es auch nur ahnen.

Nehmen wir als Beispiel einen Sinn, auf den die meisten von uns glauben, am ehesten verzichten zu können: unseren Geruchssinn. Wenn wir ein paar Tage lang schwer erkältet sind, nervt das zwar, aber hauptsächlich deshalb, weil die Nase verstopft ist und wir nicht gut Luft bekommen. Dass unser Geruchssinn brachliegt, merken wir allenfalls daran, dass selbst unsere Lieblingsspeisen nach nasser Pappe schmecken. Ansonsten vermissen wir ihn nicht übermäßig.

Was also soll der Großartiges leisten können?

Schon vor Jahren entdeckten Forscher, dass wir Menschen über eine äußerst nützliche Fähigkeit verfügen. Offenbar sind wir imstande, herauszufinden, welcher potenzielle Partner am besten zu uns passt, wenn es darum geht, dem gemeinsamen Nachwuchs die optimale genetische Ausstattung zu sichern und dafür zu sorgen, dass er möglichst selten krank wird. Mittlerweile weiß man auch, wie wir das bewerkstelligen. Allein mithilfe unseres Geruchssinns – allerdings ohne dass uns das auch nur annähernd bewusst wäre – können wir bestimmte Hormone erschnuppern, die diese Informationen transportieren. Frauen riechen beispielsweise lieber an T-Shirts von Männern, die mit anderen Immunvarianten ausgestattet sind als sie selbst, als an denen von Männern, die ihnen in dieser Hinsicht ähnlich sind. Je unähnlicher das Immunsystem eines Partners ist, desto größer die Wahrscheinlichkeit, dass er ein gemeinsames Kind mit einem Schutz gegen Krankheiten ausstatten kann, über den wir selbst nicht verfügen. Da dieses Thema immer mal wieder durch die Medien geistert, könnte es sein, dass Sie an der Stelle sagen: »Äh, ich habe aber genau das Gegenteil gehört ...«

Nee, das stimmt schon so. Zwar fliegen wir auf Menschen, deren *genetische Ausstattung* der unseren ziemlich ähnlich ist, und das nicht nur bei der Wahl eines Partners, sondern selbst bei der Wahl unserer Freunde. Was das *Immunsystem* betrifft, kann es unserem Näschen allerdings gar nicht unähnlich genug sein.

Da steht dann also möglicherweise ein Mensch vor uns, der uns überaus sympathisch ist, der freundlich ist und unseren Humor teilt. Nett sieht er auch noch aus. Trotzdem wird er nur der beste Kumpel oder die beste Kumpeline, aber nicht der Partner fürs Leben. Klar, dafür kann es auch psychische Ursachen geben. Denkbar ist aber auch, dass Nase und Gehirn gerade hinter unserem Rücken beschlossen haben: Nee, rein vom Immuntechnischen her wären gemeinsame Nachkommen jetzt nicht sooo die Idee.

Wir selbst ahnen nichts von dieser Fähigkeit, auch die Teilnehmer der Untersuchung wussten nichts davon. Da braucht es dann Blutuntersuchungen der Betreffenden und der Shirt-Träger, um festzustellen: Obwohl sie selbst nicht ahnen, dass sie es können – ihr Unbewusstes schafft es, ihnen diesbezüglich die besten Tipps zu geben.

Sie fragen sich jetzt vielleicht, woher es denn dann kommt, dass wir uns so gern mit Parfums und Rasierwässern beduften? Schon seit Tausenden von Jahren experimentieren wir mit immer neuen Duftnoten. So weit kann es mit unserem Unbewussten ja wohl nicht her sein, wenn wir alles dafür tun, um diesen speziellen Instinkt nicht wirksam werden zu lassen!

Guter Einwand. Genau das hat die Forscher auch interessiert. Und was fanden sie heraus? Wir bevorzugen genau die Duftvarianten, die unseren Immunschutz-Hormoncocktail unterstützen und verstärken und finden die eklig, die es nicht tun.

Warum eigentlich erstaunt uns die Tatsache überhaupt, dass wir über diese Fähigkeiten verfügen? Tieren trauen wir sie viel eher zu. Vielleicht haben Sie schon von Hunden gehört, die Brustkrebs erschnüffeln können. Ganz nebenbei: So schlecht sind wir Menschen in dieser Disziplin übrigens auch nicht, denn wir können im T-Shirt-Schnuppertest zumindest herausfinden, wer an einer bakteriellen Infektion leidet und wer nicht. Hätten Sie das gedacht?

Oder Sie haben von dem Kater gehört, der in einem amerikanischen Pflegeheim lebt und weiß, welcher Bewohner demnächst sterben wird, und der ihm in seinen letzten Stunden nicht von der Seite weicht. Nicht nur Tauben, auch Katzen finden von einem ihnen fremden Ort über weite Strecken nach Hause. Spatzen und Finken legen ihre Nester mit Zigarettenkippen aus, um Parasiten fernzuhalten. All diese Tatsachen erscheinen uns wie kleine Wunder, die wir letzten Endes darauf zurückführen, dass Tiere über mehr erstaunliche Eigenschaften verfügen, als wir bisher wussten.

Dass wir Menschen uns dergleichen Fähigkeiten nicht zutrauen, hängt wohl mit dem zusammen, was der Hirnforscher António R. Damásio als *Descartes' Irrtum* bezeichnet. Descartes war ein französischer Philosoph des 17. Jahrhunderts, der den Lehrsatz prägte: *Ich denke, also bin ich.* Noch immer sind wir bereit zu glauben, dass unsere höheren Denkfähigkeiten uns als Menschen ausmachen und uns von den rein instinktgeleiteten Tieren unterscheiden. Wir unterliegen gern der irrigen Annahme, wir seien reine Vernunftwesen, und alle unsere Handlungen und Entscheidungen seien das Ergebnis bewusster Überlegungen. Nichts könnte falscher sein, wie wir noch sehen werden. Ohne unsere dienstbaren Geister, die wichtige Entscheidungen (wie die Wahl eines immuntechnisch günstigen Partners) für uns treffen, die diese Arbeit jedoch völlig unbemerkt verrichten, wären wir ziemlich aufgeschmissen.

Übrigens kriegen Nase und Gehirn hinter unserem Rücken noch ganz andere Dinge heraus, sogar über Menschen, denen wir in unserem Leben niemals begegnen werden. Auch beim folgenden Versuch spielt nicht ganz schrankfrische Oberbekleidung wieder eine Rolle. Allein aufgrund des Geruchs eines drei Tage getragenen T-Shirts konnten Versuchspersonen mit einer hohen Trefferwahrscheinlichkeit erkennen, ob ein Mann oder eine Frau das Kleidungsstück anhatte. Gut, da dieses Kunststück wiederum mit unserer Fähigkeit zusammenhängt, bestimmte Hormone zu erkennen, sollte das noch eine der leichteren Übungen sein. Die Teilnehmer dieses Experiments lagen darüber hinaus aber auch dann richtig, wenn es um das Alter und bestimmte Persönlichkeitseigenschaften der T-Shirt-Träger ging, zumindest soweit diese mit einem besonders hohen und besonders charakteristischen Ausstoß bestimmter Hormone einhergehen. Natürlich waren sie der festen Überzeugung, einfach nur blind drauflos geraten zu haben.

Dass wir die Fähigkeit haben, allein mithilfe von Geruchspartikeln, die wir nicht bewusst wahrnehmen, geeignete von ungeeigneten Partnern zu unterscheiden, ist zwar recht spannend, allerdings ist es nicht weiter tragisch, dass diese Tatsache nicht bis in unser Bewusstsein vordringt.

Hauptsache, es funktioniert. Andere Leistungen unseres Unbewussten nehmen wir zwar staunend, aber dennoch unhinterfragt hin, zum Beispiel die Tatsache, dass es vielen Menschen gelingt, auch ohne Wecker ziemlich exakt zu der von ihnen gewünschten Uhrzeit aufzuwachen.

Schwierig wird es dort, wo wir mit dem Wirken unseres Unbewussten zwar unmittelbar konfrontiert werden, es aber anzuzweifeln. Das tun wir pausenlos, weil wir nicht gelernt haben, dem zu vertrauen, was unter Umgehung unseres bewussten Denkens direkt aus dem tiefsten Inneren unseres Gehirns kommt. *Instinkt* ist nur eine der Bezeichnungen, die wir diesen Fähigkeiten geben könnten. Etwas, das wir wie erwähnt eigentlich eher bei Tieren vermuten. Klar, so ein bisschen Instinkt spielt auch bei uns Menschen noch eine Rolle, denken wir. Wenn wir etwas tun, das nicht nur völlig richtig war, sondern das uns möglicherweise sogar das Leben gerettet hat, über das wir aber nicht einmal den Bruchteil einer Sekunde nachgedacht haben, sagen wir erstaunt: *Das war jetzt rein instinktiv.*

Ich selbst habe so etwas auch einmal erlebt. Auf der Autobahn wurde ich von einem Kleinlaster geschnitten, dessen Fahrer den Blick in den Spiegel oder gar aus dem Fenster wohl für stark überschätzt hielt. Mein Wagen kam ins Schleudern und ich sah die Mittelplanke bereits auf mich zukommen. Ich konnte nur noch denken: *Das war's jetzt wohl.*

Das Erstaunliche war allerdings, dass ich nicht in Panik geriet. Im Gegenteil. Von einem Moment auf den anderen waren meine Emotionen komplett abgeschaltet. Es gelang mir, den Wagen wieder in den Griff zu bekommen. Erst nachdem ich die nächste Ausfahrt genommen hatte, kehrten meine Gefühle – der nachträgliche Schrecken, unversehens in Lebensgefahr geraten zu sein, aber auch die Wut auf den rowdyhaften Fahrer – wieder zurück, und ich musste erst einmal rechts ranfahren und eine Pause einlegen. Die Sache liegt etwa dreißig Jahre zurück. Bis auf den heutigen Tag bin ich beeindruckt, wie mein Überlebensinstinkt mich gerettet hat, indem er sämtliche die Konzentration störenden Emotionen einfach abschaltete.

Dabei war das etwas, das ich erst im Nachhinein staunend registrierte. Was ich nicht wahrnahm, aber mittlerweile weiß, ist, dass mein Körper bereits reagierte und die richtigen Fahrmanöver ausführte, bevor in meinem Bewusstsein auch nur angekommen war, in welcher Situation ich mich befand. Die Information (*Alarmstufe Rot! Lebensgefahr!*) war in anderen Teilen meines Gehirns, dort, wo die Sehinformationen eintreffen, und dort, wo Bewegungen gesteuert werden, längst in Handlung umgesetzt worden. Der Teil, den wir Verstand oder bewusste Wahrnehmung nennen, kam hingegen erst 150 Millisekunden später gemütlich an den Ort des Geschehens geschlendert.

Sicher haben Sie in Ihrem Leben bereits ähnliche Erfahrungen gemacht. Dennoch gehen die meisten Menschen davon aus, dass der unbewusste Teil von uns normalerweise nicht viel zu sagen hat und üblicherweise im Tiefschlaf liegt. Das Gegenteil ist der Fall. Der unbewusste Teil ist der, der 24-Stunden-Schichten schiebt, selbst dann, wenn sich unser Verstand nachts für etwa sieben Stunden eine Auszeit nimmt. Während dieser Zeit wiederholt unser Gehirn wie ein braver Schüler beim Vokabellernen unermüdlich neu erworbenes Wissen und verfestigt es. Wer stolz darauf ist, dass er nur wenig Schlaf braucht, weiß offensichtlich noch nicht, dass die Schlafzeiten ihn erheblich klüger machen als die Wachzeiten.

Auch psychische Verletzungen und Kränkungen versucht unser Gehirn im Schlaf zu reparieren, hauptsächlich in der Phase, in der wir besonders intensiv träumen. Allerdings erinnern wir uns am nächsten Morgen nur vage bis gar nicht daran. Nicht nur die Muskulatur wird während der Traumphasen gehemmt, damit wir nicht anfangen, herumzuturnen und nachzuspielen, was auf unserer inneren Leinwand gerade abläuft. Es sind außerdem die Hirnbereiche abgeschaltet, die für die Informationsspeicherung verantwortlich sind.

Wer will, kann aber auch lernen, seine Träume bewusst zu steuern. Vor Kurzem habe ich von einem Programm gehört, bei dem Leistungssportler die Fähigkeit erwerben, in ihren nächtlichen Traumphasen Bewegungsabläufe zu wiederholen und damit zu optimieren. Ihr Traum-Ich trainiert, während der Körper tief und fest schläft. Das tut es sonst zwar auch, aber diese Sportler lernen, dabei zuzusehen.

Da wir meist keine Ahnung davon haben, was in unserem Oberstübchen so alles geleistet wird, gehen wir davon aus, dass das Unbewusste sich erst dann meldet, wenn es ans Eingemachte geht und blanke Reflexe gefordert sind. Tja, da können wir dem alten Herrn Descartes die Hand reichen.

Nichts könnte abwegiger sein. Richtig ist vielmehr, dass das, was wir Verstand nennen, eher der Teil von uns ist, der sich nur *einbildet*, der Chef zu sein. Aber, wie wir bereits wissen: Die Arbeit machen in Wahrheit die anderen.

Grund genug, uns noch ein wenig mehr dem zu widmen, was man Instinkt nennt.

Darin, dass wir unsere instinktiven Fähigkeiten leugnen oder auch nur den Kontakt zu ihnen verloren haben, liegt ein ganzes Stück menschlicher Arroganz. Dabei ist es eigentlich ganz logisch: Tiere treffen alle Entscheidungen ihres Lebens, ohne groß darüber nachzudenken. Wobei Forscher inzwischen auch an dieser Sichtweise ihre Zweifel haben, da immer mehr dafür spricht, dass auch Tiere denken können.

Mitunter zeigen sie auch Fähigkeiten, die wir ihnen nicht ohne Weiteres zugetraut hätten, weil wir diese Eigenschaften eher für rein menschlich halten. Krähen sind imstande, Autos als Nussknacker zu verwenden, indem sie Walnüsse auf viel befahrenen Kreuzungen ablegen und in aller Ruhe die nächste Rotphase abwarten, um sich dann an den Nusskernen gütlich zu tun. Beim Laubenvogel legt das Männchen hübsche Gärten an, aus keinem anderen Grund als dem, dass die Weibchen darauf abfahren. Manche Unterarten verwenden zu diesem Zweck sogar ausgefranste Zweige als Pinsel und nutzen natürliche Farbstoffe, um die tragenden Teile auch noch hübsch blau anzumalen. Ein Männchen, das imstande ist, nicht nur ein Haus zu bauen, sondern sich auch noch als Gärtner und als Dekorateur zu betätigen, käme sicher auch bei den Weibchen unserer Spezies nicht schlecht an.

Warum bewundern wir bei Tieren ihre Fähigkeit, immer genau zu wissen, was im jeweiligen Moment das exakt Richtige für sie ist? Warum halten wir uns hingegen so oft für Wesen, die pausenlos falsche Entscheidungen treffen und denen jeglicher Instinkt abhandengekommen ist? Das ist nicht nur reichlich unlogisch – es ist auch komplett falsch.

Dass unser Instinkt die Herrschaft übernimmt, billigen wir ihm wie erwähnt allenfalls dann zu, wenn es um wirklich Existenzielles geht. Dazu gehört bei allen Lebewesen auch die Erhaltung der Art. Zumindest in Mitteleuropa gilt als wissenschaftlich gesichert, dass der Mensch als Gattung nicht schon fix und fertig auf der Erde auftauchte, sondern dass wir tierische Vorfahren haben, die den Umgang mit ihrem Nachwuchs völlig instinktiv bewerkstelligten. Es wäre doch sehr verwunderlich, wenn uns diese Instinkte komplett verloren gegangen wären.

An dieser Stelle zwei Beispiele aus dem Bereich, der tatsächlich eher dem Instinktiven zuzuordnen ist und den man *intuitives Elternverhalten* nennt.

Es handelt sich um Verhaltensweisen, die frischgebackene Eltern – und nicht nur diese – gegenüber dem Nachwuchs zeigen, und zwar nicht nur hierzulande, sondern überall auf der Welt. Zum einen neigen sie dazu, wenn sie mit Säuglingen sprechen, dies in einem Abstand von etwa zwanzig Zentimetern zu tun und dafür zum anderen eine bestimmte Sprache zu benutzen, die allgemein als *Babysprache* bekannt ist. Niemand hat diesen Eltern je gesagt, sie sollten bitte zwanzig Zentimeter Abstand Nase – Nase abmessen, wenn sie mit ihrem Kind kommunizieren, weil das dem Punkt des schärfsten Sehens bei Säuglingen entspricht. Nein, sie wissen es instinktiv.

Die sogenannte Babysprache, von Fachleuten mit dem englischen Ausdruck *Motherese* bezeichnet, war einige Zeit etwas in Verruf geraten. Wissenschaftler hatten den Verdacht, man werde Kinder damit eher doof quatschen, sprich, ihre Sprachentwicklung nicht ausreichend fördern, wenn man sie benutzt. Zum Glück hat sich auch hier die Erkenntnis durchgesetzt, dass wir – wiederum instinktgesteuert – das absolut Richtige tun, wenn wir mit kleinen Kindern auf diese Weise sprechen. Die Babysprache, die Erwachsene benutzen, zeichnet sich dadurch aus, dass die Stimme höher ist als gewöhnlich, mit stärkeren Betonungen und längeren

Pausen. All dies trägt dazu bei, dass sie für das Kind nicht nur besser wahrnehmbar ist, sondern dass es auch begreift: Jetzt bin *ich* gemeint. Später, wenn das Kind einzelne Worte nachzuahmen beginnt, gehen die Eltern irgendwann von allein dazu über, die Sprechversuche der Kinder zu korrigieren, indem sie sie wiederholen, allerdings mit richtiger Aussprache.

Mittlerweile bin ich bereit, bei allen möglichen Verhaltensweisen, die zunächst unverständlich erscheinen, davon auszugehen, dass unser Unbewusstes – in diesem Fall die Instinktabteilung – sich schon etwas dabei denkt. Denn Sinnloses gibt es im Bereich des menschlichen Verhaltens nicht, zumindest nichts, das keine Ursachen hat. Hier ein Beispiel, das man durchaus der Abteilung des instinktiven Elternverhaltens zuordnen könnte.

Auffallend viele Mütter neigen zu etwas, das in den Augen ihrer Kinder so entsetzlich peinlich ist, dass sie sie in diesem Augenblick am liebsten erwürgen möchten. Da bringt man zum ersten Mal jemanden mit, in den man sich unsterblich verliebt hat, und stellt ihn oder sie zu Hause vor. Und Mutter hat nichts Besseres zu tun, als schon nach kürzester Zeit die allerallerpeinlichste Geschichte aus der frühen Kindheit ihres Sohnes oder ihrer Tochter aufs Tapet zu bringen.

Das geschieht so häufig, dass ich angefangen habe, mir Gedanken darüber zu machen. Dass die Mutter ausgerechnet diesen kritischen Moment gewählt haben sollte, um sich für all die durchwachten Nächte der Säuglingszeit ihres Sprösslings zu rächen oder dafür, dass er sich in der Pubertät mitunter absolut unmöglich aufgeführt hat, erscheint mir aus naturwissenschaftlicher Sicht unwahrscheinlich. Schließlich wünschen sich Menschen in der Regel Enkel. Warum also sollten sie ausgerechnet die vergraulen wollen, die ihnen dazu verhelfen könnten? Zumal sie das genannte Verhalten offenbar bevorzugt bei den netteren Kandidaten an den Tag legen. Das ergibt biologisch gesehen keinen Sinn.

Wie wäre es also mit dieser Erklärung: Mütter testen auf diese Weise unbewusst, wie der Neuzugang auf Geschichten von einem Wesen reagiert, das noch klein und nicht gerade pflegeleicht ist? Sollte er darüber hämisch lachen, kapiert der eigene Sprössling gleich, dass der oder die Angebetete ungeeignet ist, Nachwuchs großzuziehen. Macht er hingegen ein Gesicht, das Menschen üblicherweise beim Anblick von Babypandas zeigen, sieht die Sache schon anders aus. Möglicherweise testen Mütter damit unbewusst auch gleich mit, ob der potenzielle Partner in uns nur den toughen Erwachsenen liebt oder ob er sich auch für den kleinen, bedürftigen Teil in uns erwärmen kann?

Wie gesagt, nur eine Hypothese. Aber Sie werden selbst merken: Wenn man sich erst einmal auf den Gedanken einlässt, dass Menschen nicht einfach nur ein Bündel irrationaler und unbegreifbarer Verhaltensweisen sind, sondern dass es vernünftige Begründungen für eigentlich alles gibt, fängt man an, neugierig zu werden und nach Erklärungen zu suchen, statt nur mit den Schultern zu zucken.

Damit haben wir jetzt schon einen wichtigen Teil der Fähigkeiten unseres Unbewussten entdeckt, nämlich dass unsere im Geheimen wirkenden Instinkte sehr viel mehr vermögen, als wir ihnen auch nur im Entferntesten zugetraut hätten. Wie wir sie nennen, ob Instinkt, Bauchgefühl oder Unbewusstes, ist dabei ziemlich gleichgültig. Jedenfalls handelt es sich um etwas, das uns zur Verfügung steht, bevor unser Denkmotor auch nur anfängt, warmzulaufen.

Das kann man ja noch irgendwie akzeptieren. Dass bei

Dingen, wo es ans Eingemachte geht, zum Beispiel um das Überleben des Nachwuchses oder auch »nur« um unser eigenes, einige Dinge klappen müssen, auch ohne dass wir sie mühsam erlernen mussten. Aber die meisten Entscheidungen treffen wir schließlich bewusst, und ohne dass unser Gehirn einfach tut, was ihm einfällt! Oder?

Tja – wie sage ich es jetzt möglichst höflich, ohne Sie allzu sehr zu schocken?

Ich fürchte, das entspricht nicht so ganz der Wahrheit. Und das ist noch vorsichtig ausgedrückt.

Nur 5 Prozent dessen, was sich in unserem Gehirn abspielt, bekommen wir bewusst mit. Bei den Entscheidungen, die wir *glauben*, bewusst zu treffen, lügen wir uns allerdings meist in die Tasche.

Hier sind wir bei einer wesentlichen Erkenntnis angelangt, die zu Sigmund Freuds Zeiten noch so revolutionär klang, dass kaum jemand bereit war, sie zu glauben. Mittlerweile ist sie allerdings keine Glaubenssache mehr, sondern unumstößliche hirnorganische Tatsache: Der größte Teil dessen, was sich in unserem Kopf abspielt, geht komplett an unserer Wahrnehmung vorbei.

Das Einzige, was sich seit Sigmund Freuds Zeiten geändert hat, ist das Ausmaß dessen, was wir als unbewusst bezeichnen. Freud stellte sich noch vor, es handele sich dabei um alles, was uns unangenehm oder was verboten ist – und zu seiner Zeit begreiflicherweise viel mit Sexualität zu tun hatte. Die moderne Hirnforschung versteht unter dem Begriff *unbewusst* allerdings sehr, sehr viel mehr, nämlich alles, was sich in unserem Kopf abspielt, ohne dass es in unser Bewusstsein gelangt. Wie gesagt sind das geschätzte 95 Prozent.

Dass wir nur einen Bruchteil dessen mitbekommen, was in unserem Gehirn passiert, ist auch der Grund dafür, warum wir noch so viele Ratgeber zu einem bestimmten, für uns problematischen Thema gelesen haben können und es uns trotzdem nicht gelingt, unser Verhalten zu ändern. Das bisschen bewusste Entscheidung, das wir stolz treffen *(ab morgen wird Sport gemacht, ab morgen mach ich FdH, ab morgen will ich selbstbewusster sein)*, geht sofort in die Knie, wenn das Unbewusste Gründe hat, die dem, was wir bewusst entscheiden, entgegenstehen. Wir sollten uns also nicht dafür verurteilen, dass wir nicht imstande sind, die Vorsätze in die Tat umzusetzen, die wir vermeintlich selbst gefasst haben. Viel besser wäre es, die Fakten anzuerkennen und uns in solchen Fällen lieber erst einmal anzuhören, was unsere mit der Materie wesentlich besser vertrauten Angestellten, sprich, was unser Unbewusstes dazu zu sagen hat.

Spätestens an dieser Stelle werden Sie wissen wollen, warum Sie denn besser dabei fahren, wenn Sie die Zügel aus der Hand legen und die Entscheidungen jemandem anvertrauen, der in ihrem Kopf nistet und offenbar tut, was er will. Die Antwort ist einfach: Weil Ihnen gar nichts anderes übrig bleibt.

Dafür, dass die Arbeitsverteilung da oben so aussieht, gibt es gute Gründe. Bewusstes Denken verbraucht ungeheuer viel Energie, sprich Sauerstoff und Zucker. Mehr noch als die Muskeln eines gut trainierten Sportlers. Es ist also schlicht eine Frage gesunden Haushaltens, dass dieser Energiefresser bei dem, was wir tun und entscheiden, nur eine winzige Nebenrolle bekommt.

Jemand, der sich jahrzehntelang mit einer bestimmten Materie beschäftigt hat, verbraucht bei seiner Arbeit dementsprechend auch nur einen Bruchteil der Energie von jemandem, der gerade erst beginnt, sich damit zu befassen, denn den Großteil der Arbeit erledigt sein Unbewusstes. Er muss nicht mehr darüber nachdenken, was er tun muss, damit der Patient nicht verblutet, die Landeklappen ausfahren oder die Bratensoße nicht klumpig wird. Dieses Wissen ist gespeichert, und das Unbewusste startet die entsprechenden Programme automatisch.

Die doch eher untergeordnete Stellung unseres bewussten Denkens zeigt folgender Versuch, mittlerweile ein Klassiker, mit dem der Hirnforscher John-Dylan Haynes (wie vor ihm schon andere) nachweisen wollte, dass unsere Entscheidungen längst gefällt sind, wenn wir noch glauben, sie bewusst zu treffen. Dazu wurden Menschen in einen Gehirnscanner gelegt, während ihnen Buchstaben in beliebiger Reihenfolge gezeigt wurden. Gleichzeitig wurden sie aufgefordert, gelegentlich entweder eine rechte oder eine linke Taste zu drücken. Tastenauswahl und Zeitpunkt blieb ihnen überlassen; sie sollten sich lediglich merken, welchen Buchstaben sie gerade gesehen hatten, als sie sich zum Tastendrücken entschlossen. Obwohl die Versuchspersonen anschließend der festen Überzeugung waren, sie hätten die Taste genau in dem Moment gedrückt, als sie sich entschlossen, dies zu tun, ergab die Auswertung ein völlig anderes Bild. Ihr Gehirn hatte längst entschieden, welche Taste als nächste drankommen sollte. Und zwar bis zu *zehn Sekunden* vorher. So lang ist keine Reaktionszeit, zumindest nicht beim simplen Tastendrücken.

Da haben wir wieder die Sache mit dem Chef und seinem Heer von dienstbaren Geistern. Während der Chef stolz verkündet, was er angeblich entschieden hat, ist die Sache in

Wahrheit von seinen Angestellten längst erledigt worden. Sie lassen ihn lediglich in dem Glauben, er habe in dieser Angelegenheit irgendwas zu sagen.

Wie gering der Einfluss dieses inneren Chefs in Wahrheit ist, erleben Psychotherapeuten immer wieder. Grob geschätzt, jeder zweite Patient meint zu Beginn seiner Behandlung ratlos, er wisse doch genau, woran es bei ihm hake, er kenne die Ursachen seiner Beschwerden und wisse eigentlich auch, was er tun müsse, um seinem Leben eine andere, bessere Richtung zu geben. Nur könne er dieses Wissen nicht umsetzen. Übersetzt bedeutet das nichts anderes als: *Meinem Unbewussten scheint es ziemlich schnuppe zu sein, was ich will.*

Die Aufgabe des Psychotherapeuten besteht dann darin, zunächst einmal herauszufinden, warum die unbewussten Hirnteilchen des Patienten auf der Bremse stehen. Mit schöner Regelmäßigkeit wird sich herausstellen, dass sie gute Gründe dafür haben. Bevor der Patient die nicht akzeptiert hat, bleibt seine Bremse in der Position festgefressen.

Hier ein Beispiel aus meiner psychotherapeutischen Praxis.

Es geht um einen Patienten, der Probleme mit seinem Studium hat. Ursprünglich war er mit einem ganz anderen Thema in die Behandlung gekommen, was nicht ungewöhnlich ist. Das Unbewusste gibt den Impuls: *Irgendetwas ist nicht in Ordnung, kümmere dich darum.* Der bewusste Teil entwickelt Theorien, was nicht in Ordnung sein könnte, und präsentiert sie der Psychotherapeutin. Erst wenn der Patient die Erfahrung macht, dass mit dem, was er erzählt, gut und freundlich umgegangen wird, trauen sich auch die unbewussteren Teile ans Licht.

Unbewusst kann auch etwas sein, von dem wir sicher

sind, *dass es nun mal so ist.* Warum also darüber reden? So kommen Therapeuten manchen wichtigen Themen erst auf Umwegen auf die Spur. Erstaunlicherweise oft dadurch, dass man Patienten fragt, wie es ihnen geht. Hören wir einmal kurz in die Stunde hinein.

»Och, nichts Besonderes«, antwortet der Patient auf meine Frage. »Der übliche Stress halt.«

»Der übliche Stress?«

»Ja, im Studium. Das ist einfach nur anstrengend.«

»Es macht Ihnen also gar keinen Spaß?«

Der Patient schaut mich an, als hätte ich gerade deutlich gezeigt, dass ich keine Ahnung habe, wovon er spricht. »Spaß? Ich rede vom Studium!«

»Aber irgendwann haben Sie es doch einmal begonnen, weil Sie davon ausgegangen sind, dass es etwas ist, das Ihnen Spaß macht, oder zumindest etwas, für das Sie sich interessieren?«

»Mag ja sein, dass man sich am Anfang etwas vormacht. Aber ich habe schnell gemerkt, dass ich das nur durchstehe, wenn ich komplett mit Scheuklappen da durchgehe. Ich muss einfach die Zähne noch ein paar Jahre zusammenbeißen und darf mich nicht ablenken lassen.«

»Das klingt so, als dürften Sie überhaupt keinen Spaß mehr haben. Ich denke mir, dass es schwer ist, jahrelang etwas durchzustehen, das offenbar nur anstrengend ist.«

»Aber anders geht es nicht. Ich bin fest davon überzeugt, wenn ich die Scheuklappen abnehmen würde und mich ablenken lasse oder vielleicht sogar etwas mache, das mir Spaß macht, würde ich innerhalb von kürzester Zeit als Penner mit der Rotweinflasche im Arm enden.«

Auch bei diesem Patienten handelt es sich also um jemanden, der den Kontakt zu der Weisheit seines Unbewussten verloren hat. In seiner Vorstellung ist es eine Ansammlung unvernünftiger Wünsche und Impulse, die nur mit eiserner Disziplin gebändigt werden können. Wer ihnen nachgibt, kann seiner Meinung nach nur im Chaos enden. Meiner Meinung nach hingegen wird diese Einstellung eher zu Burn-out und Depressionen führen.

Sie können sich vorstellen, dass es eine ganze Zeit dauert, bis wir uns darauf einigen können, ein Experiment zu wagen. Der Patient riskiert es, ein Urlaubssemester einzulegen und in dieser Zeit schlicht und einfach gar nichts zu tun, zumindest nichts, das auch nur im Entferntesten mit seinem Studium zu tun hat. Auch mir ist dabei etwas mulmig zumute, denn ich kann nicht hundertprozentig dafür garantieren, dass das lebendige Unbewusste sich gegen das nur scheinbar vernünftige Bewusste durchsetzen wird. Es besteht natürlich die Gefahr, dass das Ganze ein Flop wird und der Patient sich in seiner bisherigen Haltung nur noch bestätigt fühlt.

Ich werde nie die Therapiesitzung vergessen, zu der der junge Mann einige Monate später mit strahlenden Augen kommt.

»Ich habe in dieser Woche etwas ganz, ganz Tolles erlebt«, erzählt er gleich. »Ich bin ganz gemütlich durch die Stadt geschlendert und habe mir Schaufenster angeguckt. Plötzlich ist mir aufgefallen, dass ich mir schon eine ganze Zeit lang an einem Geschäft die Nase an der Scheibe platt gedrückt habe. Raten Sie mal, was mich so begeistert hat. Es waren Fachbücher!«

In den Monaten, die vorangegangen sind, hatten wir viel Zeit damit verbracht, herauszufinden, woran es lag, dass für den Patienten Lernen nur mit Leiden und nichts mit Neugier zu tun hatte. Diese Überzeugung hatte sich so verfestigt, dass das Unbewusste rebellierte und mit Symptomen reagierte.

Erst als der Patient sich darauf einlässt, den Impulsen seines Unbewussten wieder Raum zu geben, kann er die für viele Menschen überwältigende Erfahrung machen, dass unser Unbewusstes alles bereithält, was wir brauchen, um zufrieden zu werden. Dazu gehört eben auch Neugier und Forscherdrang. Und zwar von Anfang an, wie jeder weiß, der Kinder beobachtet. Wir müssen uns nicht dazu zwingen, die Dinge zu tun, die gut für uns sind.

Okay, also ist es mitunter eher nützlich, wenn das Unbewusste auf der Bremse steht und dafür sorgt, dass wir nicht mit etwas weitermachen, das schädlich für uns ist. Sehr häufig tut es das, wenn wir einen falschen Weg eingeschlagen haben. Wir wollten sein wie jemand, der völlig anders gestrickt ist als wir selbst, wir wollten es den Eltern recht machen oder, oder, oder. Unser Unbewusstes bremst uns aus, weil es merkt, dass das, was wir gerade tun, nicht eben förderlich ist. Sei es, mit allen Mitteln die seit Generationen in der weiblichen Hälfte der Familie verankerten gerundeten Hüften loswerden zu wollen, statt sie als reizendes Geschenk anzusehen, sei es, einen Berufsweg einzuschlagen, der nicht unserer ist.

Aber manchmal, da ist es doch nicht so schlau, wie es tut, oder?

Zum Beispiel in Situationen, in denen wir uns hinterher stundenlang darüber ärgern, dass es uns nicht den einen, vernichtenden Satz zur Verfügung gestellt hat, den wir dem hätten entgegenschleudern können, der uns geärgert hat. Schließlich ist sein gigantisches Archiv neben unseren immer noch ungeheuer wirksamen Instinkten die zweite seiner Fähigkeiten.

Unser Supergedächtnis oder
Wer ist Herr im Oberstübchen?

Unser Unbewusstes besitzt eine ungeheuer große Daten-sammlung, die sich aus allen Erfahrungen zusammensetzt, die wir je gemacht haben. Wenn es also so superschlau ist und dieses Riesenarchiv zur Verfügung hat, all das, was wir je gesehen und gehört haben – dann hätte es doch garan-tiert etwas Passendes gefunden, wenn es darum geht, eine vernichtende Antwort rauszuhauen! Manchmal versagt es also doch. Oder?

Sie ahnen es: Auch hier werde ich versuchen, die Ehre des Unbewussten zu retten.

Natürlich wäre es imstande gewesen, uns eine Super-Spitzen-Entgegnung zur Verfügung zu stellen. Es hat es nicht getan, gerade *weil* es so schlau ist. Kindern purzelt alles aus dem Mund, was ihnen in den Kopf kommt. Nicht nur durch Erziehung haben Erwachsene gelernt, sich in der Hinsicht besser zurückzuhalten. Auch das Unbewusste weiß, dass das auf Dauer gesehen die günstigere Variante ist. Zumindest funktioniert das bei den meisten von uns so. Die wirklich »Schlagfertigen« – im wahrsten Sinne des Wor-tes – sind um Entgegnungen nicht verlegen, ihnen fällt im-mer etwas Vernichtendes ein. Mitunter warten sie gar nicht erst, bis sie dumm angemacht werden, sondern setzen den Angriff schon voraus, indem sie den auf der Straße arglos

Entgegenkommenden zum Beispiel fragen: »Was guckst du?«

Unser Unbewusstes hat guten Grund, sich von Menschen abzugrenzen, deren Impuls- und Aggressionskontrolle gegen null tendiert. Wenn es sich weigert, uns etwas zur Verfügung zu stellen, mit dem wir den anderen verletzen könnten, hat es dafür mindestens zwei gute Gründe. Zum einen will es uns vor Streit und Auseinandersetzungen bewahren. Es möchte uns weder im Krankenhaus noch in einer Gefängniszelle aufwachen sehen. Zum anderen verfügt es über eine Unmenge von Erfahrungen mit Situationen dieser Art. Während wir noch hilflos nach einer eleganten, scharfsinnigen Antwort suchen, weiß es längst: Sie hätte absolut nicht den mindesten Erfolg.

Nur in Filmen gelingt eine richtig gute Rache. Im wirklichen Leben gibt es nicht den einen Satz, der einen wildfremden Menschen so bis ins Mark berührt, dass er sich entsetzlich schämt und sofort sein Leben ändert. Es ist sehr viel wahrscheinlicher, dass jemand, der uns verletzt hat, ein Meister im Verletzen ist, und dass er garantiert wiederum einen Spruch auf Lager hätte, der uns endgültig demütigt.

In Zukunft verzichten Sie also darauf, sich stundenlang damit zu quälen, dass Sie angeblich zu blöd waren, rechtzeitig die richtige, die schlagfertige Antwort zu finden. Sondern bedanken Sie sich bei Ihrem Unbewussten dafür, dass es Sie aus einer Situation herausgehalten hat, in die das weniger gut ausgerüstete Unbewusste anderer Menschen Sie gebracht hätte.

Woher es kommt, dass das Unbewusste mancher Menschen ihnen nicht die hilfreichsten Vorschläge macht, werden wir später noch sehen. Dazu an dieser Stelle nur: Was unser Unbewusstes so immens leistungsfähig macht, ist eben seine Fähigkeit, Unmengen von Daten zu speichern und sie uns zur Verfügung zu stellen. Dies sagt allerdings nicht unbedingt etwas über die Qualität des Gespeicherten aus. Nur über die Menge.

Unser Unbewusstes ist es also, das in Wahrheit die Entscheidungen trifft, und wir bilden uns nur ein, Herr oder Herrin unserer Entschlüsse zu sein? Das klingt nun wirklich gruselig. In der Tat tobte einige Zeit unter Neurowissenschaftlern eine heftige Debatte, ob es so etwas wie einen *freien Willen* überhaupt gibt. Wenn wir schon beim Tastendrücken nicht mal bewusst mitentscheiden dürfen!

Einige von ihnen meinten, in Wahrheit seien wir eigentlich nichts anderes als eine Art Pressesprecher unseres Unbewussten, der nur verkündet, was längst – ohne sein Zutun und hinter verschlossenen Türen – entschieden wurde.

Inzwischen ist an dieser Front zumindest ein wenig Beruhigung unter den Wissenschaftlern eingekehrt. Dass unser bewusstes Denken so wenig Einfluss auf unsere Entscheidungen hat, bedeutet ja nicht, dass wir fremdgesteuert sind. Schließlich werden unsere Handlungen nicht von einem Chip bestimmt, den Aliens uns eingepflanzt haben. Vielmehr sind sie das Ergebnis unserer höchsteigenen Erfahrungen.

Das riesige Datenarchiv, das wir alle in uns herumtragen, unterscheidet sich von Mensch zu Mensch, je nachdem, was wir erlebt haben.

Sogar jedes der Kinder ein und derselben Familie hat völlig andere Erfahrungen gemacht als seine Geschwister. Die Eltern waren bei der Geburt jedes der Kinder in einer anderen Lebensphase, waren entsprechend belastet oder entspannt. Sie waren beim ersten Kind ängstlicher, bei den weiteren gelassener, konnten dem ältesten eine gute Ausbildung angedeihen lassen, den weiteren nicht mehr. Es wirkt sich unterschiedlich aus, wo in der Geschwisterreihe wir geboren sind und wie die anderen Geschwister sich uns gegenüber verhalten. Von all den anderen möglichen Einflussfaktoren wie Krankheiten, fördernden oder entmutigenden Lehrern ganz abgesehen.

Das, was unser Unbewusstes rät oder auch einfach für uns entscheidet, ist Teil unserer ganz individuellen Persönlichkeit und Ausdruck dessen, was wir gelernt haben. Es gibt uns keine Impulse, die nicht zu uns und unserer Sicht der Welt passen.

Unsere unbewussten Entscheidungen sind lediglich nicht nur schneller, sondern oft auch sehr viel treffsicherer – und sogar vernünftiger – als die, die erst nach langer Überlegung getroffen werden. Dazu noch einige weitere Untersuchungen.

So stellte sich in einem mehrjährigen Versuch heraus, dass das, was unser Unbewusstes beim ersten Date wahrnimmt, viel aussagekräftiger für das zukünftige Beziehungsglück ist als bewusst gefällte Urteile. Ob uns jemand spontan sympathisch oder unsympathisch ist, hängt eben damit zusammen, was unser Unbewusstes uns auf der Basis der Unmengen von Datenmaterial rät, das es im Laufe unseres Lebens gesammelt hat. Der bewusste Teil neigt eher dazu, blind zu raten: *Er hat die Rechnung nicht übernommen, vielleicht ist er geizig? Vielleicht findet er mich so unsympathisch, dass ich ihm nicht mal die paar Euro wert bin? Andererseits sind seine Schuhe etwas abgelaufen, vielleicht hat er ja auch kein Geld?*

All dies sind nichts weiter als Rateversuche unseres bewussten Teils. Der unbewusste hat ganz andere, winzige Details wahrgenommen, mit unseren bisher im Leben gesammelten Erfahrungen abgeglichen und entschieden, ob wir zusammenpassen oder nicht. *Er hat zugehört, als ich von mir erzählt habe, und hat nachgefragt. Als ich ihm etwas Peinliches erzählt habe, das mir auf dem Weg hierher passiert ist, hat er nicht gelacht, sondern gesagt, so etwas passiere ihm auch ständig. Als die Spatzen am noch nicht abgeräumten Nachbartisch Pommes geklaut haben, tat ihm der leid, der in der Nähe saß und sich nicht getraut hat.* Mit der Auswertung dieser kleinen Beobachtungen liegt unser Unbewusstes auf lange Sicht meist erheblich richtiger.

Dies zeigte sich auch in einem anderen Versuch, in dem man herauszufinden versuchte, wie wir am besten Lügner entlarven können. Man konfrontierte die Versuchspersonen mit Menschen, die entweder eine selbst erlebte oder eine ausgedachte Geschichte erzählten, und bat sie, nach einiger Zeit anzugeben, wer wohl der Lügner gewesen war. Die eine Hälfte überließ man in der Wartezeit sich selbst, die andere lenkte man solange mit einer anderen Aufgabe ab. Raten Sie mal, wer anschließend mit seiner Einschätzung richtiger lag? Genau. Diejenigen, denen man keine Zeit zum Überlegen gegeben hatte, sondern die sich spontan, also auf der Basis dessen, was ihr Unbewusstes ihnen riet, entscheiden mussten. Sie hatten zwar keine Zeit zum Nachdenken, dafür hatte ihr Unbewusstes Zeit zum internen Datenabgleich, ohne dass ihm mit wirren Vermutungen dazwischengepfuscht wurde.

Ursache der Überlegenheit unseres Unbewussten in dieser Situation ist, dass unserem bewussten Denken einfach nicht genug Informationen zur Verfügung stehen, um gute Entscheidungen treffen zu können. Die Personen, denen Nachdenkzeit gegeben wurde, schnitten nicht besser ab, als hätten sie ihre Kreuzchen völlig zufällig gemacht, ohne die Lügner oder Nicht-Lügner auch nur gesehen zu haben.

Unserem Unbewussten hingegen stehen sämtliche Erfahrungen zur Verfügung, die wir mit Menschen gemacht haben, deren Aussagen sich im Nachhinein als Lügen herausgestellt haben, alles, was sie beispielsweise in ihrer Körpersprache, ihrer Stimme, ihren Sprechpausen von denen unterschieden hat, die uns nicht enttäuschten.

Wer hingegen darüber nachdenkt, wer gelogen haben könnte, tut dies nicht auf der Basis der gesammelten Erfahrungen, sondern auf der von Vermutungen darüber, wie ein Lügner sich wohl verhalten würde. Damit liegt er, wie die Ergebnisse zeigen, in der Regel komplett daneben.

Selbst bei Dingen, die von vielen Menschen für nicht unmittelbar lebensentscheidend gehalten werden, ist unser Unbewusstes meist ein besserer Ratgeber. Wie beispielsweise beim Kauf eines neuen Autos.

Gibt man in einem Versuch potenziellen Autokäufern alle notwendigen Informationen über die infrage kommenden Fahrzeuge, lässt eine Hälfte nachdenken und lenkt die anderen inzwischen ab, so stellt sich heraus, dass die Spontanentscheider, also die, die Bauchgefühl oder Unbewusstes sprechen ließen, die rationalere Entscheidung treffen. Je mehr Informationen wir zu verarbeiten haben, desto größer ist hingegen die Wahrscheinlichkeit, dass unser bewusstes Denken damit überfordert ist.

Dass das, was wir nicht erst nach langer Überlegung entscheiden, sondern spontan, weniger vernünftig sein soll, ist also nichts als ein übles Vorurteil, mit dem wir unser Unbewusstes diskriminieren.

Und das vermag wahrlich Beeindruckendes. Ist es nicht bemerkenswert, dass wir in einem einzigen Moment ungefähr vierzig Sinneswahrnehmungen gleichzeitig registrieren

können? Aber raten Sie mal, wie viele Informationen unser Gehirn in dieser Zeit verarbeiten kann:
Es sind elf Millionen.

Vielleicht gruseln Sie sich inzwischen nicht mehr so, wenn Sie einsehen, dass das, was Sie für die wichtigste Instanz Ihres Denkens hielten, in Wahrheit nicht viel mitzureden hat. Vielleicht sind Sie ja mittlerweile sogar recht begeistert von dem, was da in Ihnen nicht etwa schlummert, sondern vielmehr hellwach ist. Möglicherweise schöpfen Sie an dieser Stelle aber dennoch einen leisen Verdacht.

Wenn wir uns in Zukunft am besten nur auf das verlassen, was unser Unbewusstes uns rät – kommen wir dann nicht in Teufels Küche? Schließlich reden wir, wenn wir unserem Unbewussten folgen, oft vom Bauchgefühl. Ist aber nicht die Bauchregion die angestammte Heimat unseres unbeliebtesten Mitbewohners – des gemeinen Schweinehunds? Schließlich ist er es, der uns immer zu all den unvernünftigen Dingen rät, die uns träge, dick und unter Umständen sogar arm machen. Nur mit Disziplin und Vernunft kann er in seine Schranken gewiesen werden. Eigenschaften, die doch wohl mehr mit ganz bewusstem Handeln zu tun haben.

Wohin also passt in das Bild vom nahezu unendlich weisen Unbewussten dieses lästige Vieh?

Und was ist mit dem Schweinehund ...?

Bevor wir uns mit dem Kerl genauer beschäftigen, schauen wir uns erst einmal an, mit wem wir es überhaupt zu tun haben.

Der *innere Schweinehund* ist, tiefenpsychologisch gesprochen, Ausdruck eines psychischen Konflikts. Ein Teil von uns will das eine, ein anderer etwas anderes. Es wird Sie nicht überraschen, wenn ich diese beiden Teile praktischerweise den bewussten und den unbewussten Teil nenne.

Bewusst ist uns, dass wir etwas tun wollen, wofür nach allgemeinem Sprachgebrauch die erwähnte *Disziplin* benötigt wird. Nicht bewusst ist uns, warum etwas in uns dieses Vorhaben boykottiert. Da wir zu dem unbewussten Teil nicht so einfach Zugang haben und seine Beweggründe nicht kennen, stehen wir ihm oft verständnislos gegenüber und neigen dazu, uns über ihn zu ärgern und ihn zu beschimpfen. Beispielsweise, indem wir ihm böse Namen wie eben »Schweinehund« geben.

Schon Sigmund Freud wusste: Für alles, was wir tun – selbst wenn es uns noch so unerklärlich und sogar verkehrt erscheint –, gibt es Gründe. Gerade Dinge, die wir uns selbst nicht erklären können und die uns sogar als Beleg dafür herhalten müssen, wie dumm und charakterschwach wir doch sind, sind oft im Gegenteil Beweise dafür, wie ungeheuer schlau wir eigentlich sind. Wäre doch gelacht, wenn das nicht auch auf zumindest einige unserer schweinehündischen Anteile zutrifft.

Nehmen wir als Beispiel eine Verhaltensweise, die für viele von uns ein schlagender Beweis für das Wirken des inneren Schweinehunds ist.

Wir haben etwas zu erledigen, aber unser Unbewusstes spielt einfach nicht mit. Stattdessen lässt es sich unzählige Ausreden einfallen, warum wir uns nicht einfach dransetzen und loslegen. Egal, ob wir das nun Aufschieberitis oder Prokrastination nennen – das Ergebnis ist dasselbe.

Bis jetzt war das für uns eine klare Kiste. Menschen neigen nun mal dazu, stinkfaul zu sein, und nur die Edleren von uns verfügen über ausreichend Willensstärke, um sich dieser offenbar natürlichen Schwäche entgegenzustellen.

Aber auch in diesem Punkt bin ich der Meinung, dass wir besser sind als unser Ruf. Wir sollten lediglich aufhören, uns selbst zu beschimpfen, und uns stattdessen ernsthaft die Frage stellen, ob unser Unbewusstes mal wieder schlauer ist als wir, wenn es uns von den anstehenden Aufgaben fernhält.

Folgt man den Wissenschaftlern, ist die Aufschiebekrankheit gerade dabei, ihren schlechten Ruf zu verlieren. Sie gehen davon aus, dass zumindest einige Menschen sogar sehr gut daran tun, wenn sie dem inneren Impuls folgen, der sagt: Jetzt nicht.

Wir müssten nur begreifen, dass unser Unbewusstes damit eigentlich sagen will: Jetzt *noch* nicht.

Es sieht so aus, als ob unser Unbewusstes mit dieser Verzögerungstaktik auch dafür sorgt, dass der bewusste Teil – der schließlich oft der schlechtere Ratgeber ist – sich nicht mit seiner ungebetenen Meinung einmischt. Sie haben jetzt schon einige Beispiele gesehen, in denen wir, wenn man uns keine Zeit zum Nachdenken gibt, zu besseren Resultaten kommen. Was also passiert, wenn wir Dinge vor uns herschieben? Genau das. Irgendwann geraten wir so in Zeitnot, dass uns für langes Grübeln keine Zeit mehr bleibt, während wir die Aufgabe erledigen. Uns bleibt nichts anderes übrig, als das Unbewusste selbst die Sache erledigen zu lassen. Das tut es in der Regel erheblich besser als wir. Hinzu kommt noch, dass es in der Zeit, in der wir glaubten, untätig herumzusitzen, schwer aktiv war und sich bereits an die Arbeit gemacht hat.

Im Prinzip ist bei dieser Art des Aufschiebens also Folgendes abgelaufen:

Der Chef (der bewusste Teil) hat in einem Rundschreiben verkündet, ein bestimmtes Projekt liege an, es sei sehr wichtig, und er erledige es darum am besten selbst, am besten gleich.

Seine Millionen von Angestellten (das Unbewusste) sind alarmiert, denn sie wissen aus Erfahrung, dass er dazu neigt, das Ding an die Wand zu fahren, wenn man ihn allein werkeln lässt. Also denken sie sich Aufgaben für ihn aus, die ihn möglichst lange von der Arbeit fernhalten sollen. Er sehe so blass aus, er solle doch mal ein bisschen an die frische Luft gehen, er sei ja völlig überarbeitet, die Zeitung habe er auch noch nicht gelesen, und da liege doch das neue Computerspiel noch unbenutzt und in Originalverpackung – und so weiter, und so weiter. Inzwischen machen die Angestellten sich an die Arbeit. Wenn sie fertig sind, legen sie dem Chef ein 1-a-Konzept vor, das er nur noch abzunicken braucht. Er ist der festen Überzeugung, die Firma wieder einmal im

Alleingang gerettet zu haben. Bis zum nächsten Mal. Dann, so verspricht er sich, wird er sich aber nicht ablenken lassen und sich gleich an die Arbeit machen, um nicht so unter Druck zu geraten. Die Angestellten grinsen sich eins.

Eine Unterform der Aufschieberitis ist übrigens die unter Autoren über alles gefürchtete heimtückische Krankheit, von der Sie bestimmt schon einmal gehört haben – die Schreibblockade. Jeden von uns, die wir Bücher schreiben, überfällt sie ab und zu. Ohne dass wir uns erklären können, woher sie so plötzlich kommt.

Seit ich begriffen habe, dass ich mich auf die Impulse meines Unbewussten auch in dieser Beziehung verlassen kann, hat sie jeglichen Schrecken für mich verloren. Ich weiß, dass es völlig unsinnig wäre, mich dafür zu kritisieren, dass ich seit Tagen oder gar Wochen einen großen Bogen um mein Manuskript mache. Nicht ein ominöser, bösartiger Schweinehund, der in Wahrheit nur eine urbane Legende ist, trägt die Schuld daran.

Vielmehr habe ich festgestellt, dass jede Schreibblockade nichts anderes bedeutet, als dass die fleißigen Helferlein im Unbewussten etwas mitgekriegt haben, was bei den schwerfälligen Mitarbeitern in der Bewusstseinsabteilung noch nicht angekommen ist: Mit dem Text stimmt etwas nicht. Es ist ein logischer Fehler drin, ich habe mich irgendwie vergaloppiert, oder das kluge Unbewusste bastelt aus anderen Gründen gerade an einer viel besseren Alternative. Es teilt mir folglich nichts anderes mit als: *Es wäre Zeit- und Kraftverschwendung, da jetzt weiterzumachen. Lass erst mal unsere interne Task Force ran, die darauf spezialisiert ist, Fehler zu finden und Alternativen anzubieten. Kann ein bisschen dauern, aber die Jungs sind dran, wir melden uns.*

Mittlerweile habe ich gelernt, denen die Arbeit zumindest nicht zu erschweren, indem ich weiter rumgrübele, warum nichts vorangeht. Schließlich will ich den schwer arbeitenden Herrschaften ja nicht die Energie wegfressen. Stattdessen beschäftige ich mich mit völlig anderen, möglichst entspannenden Dingen und verlasse mich darauf, dass mir Bescheid gegeben wird, sobald der Fehler gefunden wurde. Da das Unbewusste keine Ruhepause kennt, kann es natürlich auch sein, dass ich von ihm aus dem Schlaf gerissen werde.

Das haben Sie sicher auch schon erlebt. Mitten in der Nacht wachen Sie auf und haben plötzlich die Lösung eines Problems parat. Sie erinnern sich an die Geschichte mit dem Autokauf? Eine Freundin stand vor der Entscheidung, ihr in die Jahre gekommenes Auto gegen ein neues einzutauschen. Seit Wochen hatten ihr Mann und sie sich informiert, waren aber zu keiner Entscheidung gekommen. Eines Morgens wachten beide auf, sahen sich an, und wie aus einem Munde taten sie ihre Entscheidung für ein bestimmtes Fahrzeug kund. Praktischerweise hatte das Unbewusste beider sich für dasselbe Modell entschieden. Weil es nach Abwägung aller Fakten das ideale für ihre Bedürfnisse und Möglichkeiten war.

Mir ist die Lösung im Schlaf gekommen, sagen viele Leute dann, was eigentlich nicht stimmt. Denn nur der Chef hat geschlafen. Die Mitarbeiter waren fleißig und kamen – wie im richtigen Leben – auch deshalb besonders gut voran, weil der Chef abwesend war und nicht nerven konnte.

Ich kenne übrigens gleich mehrere Schriftsteller, die eines Nachts aufwachten und eine völlig neue, komplette Romanidee serviert bekamen. Mitunter zu einer Zeit, als sie eigentlich noch mitten in der Arbeit an einem anderen Roman steckten und gar keine Zeit hatten, sich einem neuen Projekt zu widmen. Die Kreativabteilung ist eben so rührig, die kriegen das Hinterteil nicht erst hoch, wenn wir etwas bei ihnen in Auftrag geben. Die machen das gern und freiwillig.

Das Phänomen, dass uns die besten Ideen beim Zähneputzen oder in der Badewanne kommen, beruht natürlich auf dem gleichen Prinzip. Wir sind abgelenkt, wir sind entspannt – die idealen Bedingungen, damit das Unbewusste unter Umgehung der störenden und unnützen Grübeleien des bewussten Denkens unsere Aufmerksamkeit auf seine neuesten Kreationen lenken kann.

Hier noch ein Beispiel dafür, dass der Schweinehund tatsächlich kein Teil von uns ist und dass wir eben nicht von Natur aus dafür angelegt sind, möglichst wenig zu tun:

Manche Menschen glauben, wer nicht arbeite, mache sich damit ein besonders lockeres Leben auf Kosten anderer. Wissenschaftler, die Berufstätige und Nichtberufstätige befragten, fanden hingegen heraus: Wer keinem geregelten Job nachgeht, ist am unzufriedensten. Wenn wir also dafür sorgen, dass jeder eine Arbeit finden kann – und das zu Bedingungen, die ihn zufrieden machen und die es ihm ermöglichen, finanziell von anderen und vom Staat unabhängig zu sein –, treten wir nicht notorischen Faulpelzen auf die Füße, sondern wir machen Menschen insgesamt glücklicher.

Wir sind nicht dafür angelegt, keine Neugier auf die Welt, auf Neues und auch auf Aufgaben zu haben. Wenn es uns daran mangelt, hat etwas in unserem Leben gefehlt. Unsere Neugier ist aktiv gehemmt worden. Nicht mehr neugierig zu sein, gierig darauf, Neues zu lernen, ist nicht unser Normalzustand. Es ist das Anzeichen, dass etwas, mit dem wir alle von Geburt an ausgestattet wurden, zerstört oder zumindest gehemmt wurde.

In diesem Zusammenhang noch mal zu der Aufschieberei: Ich erwähnte bereits, dass sie den meisten Menschen letztendlich guttut und dass es besser für sie ist, auf das Unbewusste zu hören, wenn es sie ausbremst. Diese Sorte nennen die Psychologen *die aktiven Aufschieber*. Das sind die, die besonders leistungsfähig sind, wenn sie unter Druck arbeiten. Das heißt, sie brauen sich – unbewusst natürlich – einen körpereigenen Energydrink aus aufputschenden Hormonen, indem sie möglichst lange mit der Bewältigung einer Aufgabe warten. Es gibt sehr unterschiedliche Arten von Adrenalinjunkies. Die einen schwimmen im Wildwasser oder fliegen mit dem Wingsuit, die anderen starren auf den Kalender, während der Abgabetermin näher rückt und werden dabei immer kribbeliger. Das ist der Nervenkitzel vieler Kreativer.

Dann gibt es aber auch *die passiven Aufschieber*. Sie haben tatsächlich ein Problem. Allerdings ebenfalls nicht mit irgendeinem Schweinehund. Während die Energie der aktiven Aufschieber mit einem Fluss vergleichbar ist, der gestaut wird, um dann mit voller Kraft die Maschine anzutreiben, handelt es sich bei der Energie der passiven Aufschieber eher um ein kleines Rinnsal, das auch in gestautem Zustand Mühe hat, die Maschine in Gang zu bringen. Offenbar hat hier jemand Wasser geklaut, bevor es überhaupt am Bestimmungsort angekommen ist. Die Forscher glauben auch, den Schuldigen zu kennen, und halten eine Depression für den Verursacher.

Leider gehören gerade die Menschen mit den Anzeichen einer mehr oder minder schweren Depression zu den überzeugtesten Schweinehund-Gläubigen. Anstatt zu begreifen, dass ihrem Mangel an Energie – gepaart mit dem Zweifel daran, überhaupt etwas leisten und bewirken zu können – eine ernsthafte Erkrankung zugrunde liegt, beschimpfen sie sich immer wieder selbst und graben sich – um im Bild zu bleiben – damit immer wieder das Wasser ab.

Nach wie vor geht ein Großteil der Menschen mit ihren psychischen Beschwerden erheblich weniger sorgsam um als mit ihren körperlichen. Die meisten werden, wenn sie über einen längeren Zeitraum körperliche Schwäche plagt, irgendwann einen Arzt aufsuchen. Mangelt es jedoch an psychischer Leistungsfähigkeit, so erklären sie stattdessen einen überaus wertvollen Teil von sich sozusagen zum feindlichen Ausland oder zum inneren Schweinehund, den es zu bekämpfen gilt. Dabei wäre es wesentlich sinnvoller, sich ernsthaft mit der Frage zu beschäftigen, warum sie, die sie als Kinder so unendlich neugierig waren, seit einiger Zeit an nichts mehr Interesse haben.

Viele Menschen können sich kaum vorstellen, dass etwas, das sie an sich selbst ablehnen, das sie mit aller Macht bekämpfen oder dessen sie sich so unendlich schämen, dass sie mit niemandem darüber reden wollen, tatsächlich konkrete Ursachen hat. Bei körperlichen Schmerzen gehen wir davon aus, dass sie Ausdruck eines nützlichen Warnsystems des Körpers sind. Sich vorzustellen, dass auch psychische Symptome die gleiche Funktion haben, fällt vielen, auch den Betroffenen selbst, oft noch ungeheuer schwer.

Vielleicht haben Sie schon von Menschen gehört, die sich absichtlich selbst verletzen. Vielleicht kennen Sie jemanden, der es tut, vielleicht haben Sie es selbst schon getan. Kaum etwas, das Patienten plagt, die zu mir kommen, ist ihnen peinlicher, als über Selbstverletzungen zu sprechen. Viele von ihnen wissen nicht einmal, dass sie nicht die Einzigen auf der Welt sind, die so etwas tun. Und das trotz Internet.

Sie verletzen sich selbst mit Rasierklingen, reißen sich Haare aus oder verbrühen sich absichtlich mit kochendem Wasser.

Sie können es nicht bleiben lassen, können ihr Verhalten andererseits jedoch genauso wenig begreifen wie ihre Umwelt. Eigentlich sind wir doch darauf angelegt, unseren Körper vor Verletzungen zu schützen, wie kann es dann sein, dass wir selbst ihm Schmerzen zufügen? Diese Patienten leiden, und zu ihrem Leiden hinzu kommt noch das absolute Unverständnis, warum sie tun, was sie tun.

Aus der Sicht von Psychologen und Hirnforschern ist ihr Verhalten bei Weitem nicht so unbegreiflich. Diese Patienten haben immer wieder mit negativen Gefühlen zu tun, die sie als überwältigend und unerträglich erleben. Woher es kommt, dass manche Menschen nicht nur einfach ab und zu schlecht drauf sind, sondern dass sie sich regelrechten Gefühlsstürmen ausgesetzt sehen, werden wir später noch genauer betrachten. Zunächst einmal ist es wichtig zu verstehen, *dass* es so ist. In solchen Momenten, in denen negative Gefühle so stark werden, dass die Patienten das Gefühl haben, verrückt zu werden, kommt (aus dem unbewussten Teil des Gehirns) der Impuls, sich bis aufs Blut zu kratzen, sich Haare auszureißen, mit einer Rasierklinge zu ritzen oder sich auf andere Weise zu verletzen. Der bewusste Teil, den wir ja üblicherweise für den vernünftigen halten, versucht lange, sich gegen diese Gedanken zu wehren. Aber irgendwann kapituliert er.

Wenn wir körperlich verletzt werden, geschieht zweierlei. Zum einen überdeckt der Schmerzreiz alles andere. Was im Fall dieser Patienten bedeutet: Das schreckliche Gefühl, von etwas Unerträglichem überschwemmt zu werden, ist für dieses Mal gebannt. Zum anderen tut unser Körper im Fall einer Verletzung aber noch etwas anderes: Er schüttet Endorphine aus. Dabei handelt es sich um eine Art Eigendoping unseres

Körpers, das uns zum Beispiel hilft, einen Marathonlauf oder eine Geburt durchzustehen. Es vermindert die Schmerzwahrnehmung und sorgt unter anderem dafür, dass unsere Stimmung sich hebt, weshalb die Endorphine auch als Glückshormone bezeichnet werden.

Mit anderen Worten: Ähnlich wie beim aktiven Aufschieber, dessen Unbewusstes dafür sorgt, dass er aktivierende Hormone produziert, die ihn die Aufgabe besonders gut erledigen lassen, sorgt das Unbewusste der Selbstverletzer dafür, dass es ihnen besser geht. Zu dem ungeheuren Wissensschatz, über den es verfügt, gehören nicht nur unsere gesamten Erinnerungen, sondern auch genaue Kenntnisse der Funktionsweise unseres Körpers und seiner aktuellen Befindlichkeit, bis in jedes feinste Detail.

Schon allein, diese Zusammenhänge zu verstehen, ist für die Patienten oft ungeheuer erleichternd. Zu begreifen, dass in ihnen nicht ein dunkler, zerstörerischer Teil wohnt, der nur darauf aus ist, ihnen Schaden zuzufügen, sondern dass gerade dieser Teil versucht zu helfen, ist dabei ein ganz wichtiger Schritt. Erst jetzt kann begonnen werden, nach besseren Lösungen zu suchen. Zunächst, als Soforthilfe, erarbeiten wir mit den Patienten Alternativen zu ihrem Verhalten, das heißt, wir suchen nach anderen starken körperlichen Reizen, die von der negativen Gedankenspirale ablenken können. Für einige kann das sein, mit Eiswürfeln über die Haut zu fahren, für andere, Igelbälle zu benutzen, wie sie auch für physiotherapeutische Übungen oder zur Förderung der Durchblutung nach Operationen eingesetzt werden. Anschließend machen wir uns daran, den Patienten dabei zu helfen, etwas nachzuholen, das wir alle in unserem Leben lernen müssen, nämlich mit unseren Gefühlen zu leben und sie in einem für uns erträglichen Rahmen zu halten.

Kehren wir noch einmal kurz zurück zu den Problemen, die uns im Vergleich mit selbstverletzendem Verhalten doch eher gering erscheinen, nämlich zum Aufschieben.

Wenn Sie also zu den vielen Menschen gehören, die wichtige Aufgaben immer wieder vor sich herschieben, beobachten Sie sich einmal genau. Trauen Sie sich grundsätzlich zu, die Aufgabe zu bewältigen, fühlt es sich gut oder vielleicht sogar ein wenig rauschhaft an, wenn Sie sich endlich dranmachen? Dann gilt es, lediglich ein wenig mehr Vertrauen in Ihr Unbewusstes zu haben und sich daran zu erinnern, dass Sie mit seinem Wirken in der Vergangenheit doch immer recht gut gefahren sind.

Oder ist es bis zum Ende einfach nur unendlich mühsam, und Sie sind mit dem Ergebnis unzufrieden? Dann verabschieden Sie sich ebenfalls von der Vorstellung eines inneren Schweinehunds und versuchen Sie, dem auf die Spur zu kommen, was Ihre Energie frisst und Sie mutlos macht. Im weiteren Verlauf dieses Buchs werden Sie dazu noch einige nützliche Hinweise bekommen.

... und mit der Disziplin?

Wenn wir immer noch an die Sache mit dem inneren Schweinehund glauben, macht das vielen von uns besonders zu schaffen, wenn das Thema Gewicht aufs Tapet kommt. In seinem Buch *Mythos Übergewicht – Warum dicke Menschen länger leben* zeigt der Hirnforscher und Internist Achim Peters eindrücklich die Gründe dafür auf, warum 97 Prozent aller Diäten in Gewichtszunahme, Frust und Selbstbeschimpfung enden. Mangelnde Disziplin sei jedenfalls nicht die Ursache.

Trotzdem glauben immer noch acht von zehn Deutschen, Übergewichtige würden einfach deshalb zu viel essen, weil es bei ihnen genau daran mangele. Auch wenn damit die Wahrscheinlichkeit relativ groß ist, dass auch Sie dieser Meinung sind, muss ich deutlich sagen: Das ist unwissenschaftlicher Aberglaube. Es ist einfach unlogisch, dass unser Unbewusstes so gegen uns arbeiten würde. Also muss es einen guten Grund dafür geben, dass der Körper vieler Menschen so scharf darauf ist, an Umfang zuzunehmen, und so unwillig, auch nur ein Kilo davon wieder herzugeben. Haben wir tatsächlich mal einen Sieg über den inneren Schwei... – pardon, über das Unbewusste davongetragen und passen wieder in die alte Hose, ruft das Unbewusste seinen Freund Jo-Jo zu Hilfe, und schon geht der Reißverschluss nicht mehr zu. Warum tut es das?

Auch wenn ich mich in meinem Buch *Treffen sich zwei Neurosen* schon einmal mit diesem Thema beschäftigt habe, möchte ich hier speziell aus der Sicht der Hirnforschung noch einmal darauf eingehen. Auch deshalb, weil es so allgegenwärtig ist und weil so unendlich viel Unsinn darüber verbreitet wird.

Kürzlich ging es bei *Spiegel Online* um eine Untersuchung, die aufzeigte, dass dünne Frauen beruflich erfolgreicher sind als normal- oder gar übergewichtige, einfach aus dem Grund, weil sie die besseren Jobs kriegen. Natürlich fanden sich in der anschließenden Diskussion auch wieder die Stimmen, die das völlig in Ordnung fanden. Wer nicht genug Disziplin besäße, in weniger als Größe 38 zu passen, besäße auch nicht die Disziplin, die die moderne Geschäftswelt nun einmal verlange.

Vorurteile halten sich nun einmal hartnäckig, und die meisten Menschen interessiert es herzlich wenig, ob sie wissenschaftlich auch nur im Entferntesten haltbar sind. Wer heute noch behauptet, die Sonne drehe sich um die Erde, riskiert schon mal, schief angeschaut zu werden. Wenn es psychische Mechanismen betrifft, traut sich die Mehrzahl der Menschen noch immer, mit längst widerlegten Thesen um sich zu werfen, und kann sich dabei sogar der allgemeinen Zustimmung sicher sein.

Übrigens, ganz nebenbei zu der Sache mit dem Gewicht und der Disziplin: Es gibt nicht wenige Menschen, die sehr dünn sind und verzweifelt versuchen, zuzunehmen. Sie ernten dafür das Unverständnis ihrer Umwelt, die meint, man solle sich doch freuen, Modelmaße zu haben. Aber diese Menschen sind so wenig glücklich mit ihrer Figur wie die, die nach allgemeinem Dafürhalten zu viel auf den Knochen haben. Ebenso verzweifelt versuchen sie, etwas an ihrem

Gewicht zu ändern – aber es gelingt ihnen nicht. Mit Disziplin oder dem Mangel daran hat auch das weniger als nichts zu tun.

Genauso wenig wie bei denen, die als übergewichtig gelten. Erst wenn wir die Erkenntnisse der Hirnforschung zur Erklärung heranziehen, wie Herr Peters es tut, erklärt sich, was auch mir lange Zeit ein Rätsel war.

Natürlich ist eine Psychotherapie bei unterschiedlichen Erkrankungen auch unterschiedlich wirksam, schließlich können auch Ärzte nicht alle körperlichen Erkrankungen gleich gut heilen. Bei Patienten mit starkem Übergewicht ist eine psychotherapeutische Behandlung nicht übermäßig erfolgreich, bei Magersüchtigen sieht es hingegen deutlich besser aus. Bei einer Untersuchung der Universität Leipzig zur Wirksamkeit von Psychotherapie stellte sich für diese beiden Personengruppen heraus, dass es 86 Prozent der magersüchtigen Patienten nach der Behandlung besser geht. Bei Patienten, die wegen ihres Übergewichts eine Psychotherapie machten, stellte sich hingegen heraus, dass sich bei 64 Prozent anschließend entweder gar nichts geändert hatte oder dass sie sogar noch zugenommen hatten. Einleuchtend fand ich das nie. Jemand mit starkem Übergewicht möchte unbedingt abnehmen. Magersüchtige hingegen wollen nicht zunehmen, da sie unter einer sogenannten Körperbildstörung leiden. Sie können lebensbedrohlich abgemagert sein und sehen dennoch im Spiegel eine dicke Person vor sich. Wenn also selbst mit psychotherapeutischer Hilfe eher denen geholfen werden kann, die oft gar keine Hilfe wollen, als denen, die sie sich verzweifelt wünschen – dann muss doch wohl etwas anderes hinter diesem Problem stecken.

Könnte es sein, dass es deshalb so schwer ist, sich in kleinere Kleidergrößen zu hungern, weil unser Unbewusstes dies nach Auswertung aller Körperdaten, die ihm ja zur Verfügung stehen, für eine ausgesprochene Schnapsidee hält?

Das widerspricht so sehr allem, was man uns seit Jahrzehnten erzählt, dass es zunächst einmal schwer nachvollziehbar scheint. Dabei liegen die Beweise dafür seit Langem auf dem Tisch. Eine Langzeitstudie des National Institute of Health in den USA sollte nachweisen, dass Gewichtsabnahme und Sport lebensverlängernd wirken. Hierzu wurden über 5000 übergewichtige Menschen in zwei Gruppen eingeteilt. Die eine Hälfte lebte so weiter wie bisher, die andere erhielt ein Programm mit reduzierter Kalorienaufnahme und erhöhter körperlicher Aktivität. Also genau das, wovon uns pausenlos erzählt wird, es sei gesund. Tatsächlich nahmen die Menschen in dieser Gruppe ab, sogar dauerhaft, und ihre Fitness steigerte sich. Dennoch wurde die Studie 2005 nach über dreizehn Jahren Laufzeit vorzeitig abgebrochen. Warum?

Man musste enttäuscht feststellen, dass die Forschungsgelder, die man in dieses Projekt gesteckt hatte, sich nicht rentiert hatten. Die Anzahl der Menschen, die einen Herzinfarkt oder einen Schlaganfall bekamen oder die an Angina pectoris litten, unterschied sich in beiden Gruppen nicht. Mit anderen Worten: Die ganze Abnehmerei und das Sporttreiben waren, zumindest was die Aussicht auf ein längeres, gesünderes Leben betraf, für die Katz. Vielmehr spricht vieles dafür, was Ärzte seit Langem beobachten: Wer mehr auf den Rippen hat, hat größere Chancen, schwere Krankheiten zu überleben. Achim Peters geht davon aus, dass dickere Menschen über eine Genvariante verfügen, die sie unter bestimmten Bedingungen besser schützt als dünne Menschen.

Mittlerweile trauen sich selbst die Vertreter der großen Diätrichtungen kaum noch, ihre Zielgruppe zur Strenge mit sich selbst zu ermahnen, weil ihnen die vernichtende Statistik auf die Füße gefallen ist. Sie wagen es nicht einmal mehr, überhaupt von »Diät« zu reden, sondern allenfalls von »langfristiger Ernährungsumstellung«. Aber solange 80 Prozent weiter an etwas glauben wollen, das aus wissenschaftlicher Sicht nicht nur unlogisch, sondern längst widerlegt ist, wird es auch weiterhin in jeder neuen Bikinisaison die funkelnagelneue Blitzdiät für diejenigen geben, die schon vorher in ihrem Bikini nicht unangenehm aufgefallen wären. Neben Horoskopen und der Anleitung dafür, wie man garantiert seinen Traummann findet. Den anderen wird sie eh nichts nützen, sondern lediglich dazu dienen, sich selbst fertigzumachen.

Von der Gleichung schlank ist gleich gesund müssen wir uns verabschieden. Zumindest, wenn noch ein weiterer Faktor ins Spiel kommt.

Was Sie übergewichtig gemacht hat, hat wahrscheinlich, hier finde ich die Ausführungen von Achim Peters durchaus glaubhaft, entweder mit aktuellem Stress zu tun oder mit einem, den Sie schon lange mit sich herumschleppen. Andere, die genauso viel Stress haben, nehmen hingegen nicht zu. Nicht, weil sie disziplinierter sind. Sondern weil sie über die ungünstigere Genvariante verfügen, die sie weniger gut schützt.

Vielleicht denken Sie jetzt: *Ach, immer dieses Gerede vom Stress! Stress hat doch heute jeder, oder zumindest meint jeder, Stress zu haben!*

Aber vergessen Sie bitte nicht: Wir reden hier nicht über Meinungen und Mutmaßungen, sondern über wissenschaftliche Fakten. *Stress haben* bedeutet also nicht, auf die Frage »Haben Sie Stress?« mit »Ja« geantwortet zu haben. Es bedeutet, dass ein erhöhter Spiegel des Stresshormons Cortisol im

Blut nachweisbar ist. Seinen Namen dürfen Sie sich schon mal merken. Wir werden diesem Hormon im weiteren Verlauf noch häufiger begegnen. Neben anderen Hormonen hat es einen riesigen Einfluss darauf, was unser Unbewusstes prägt und folglich darauf, wie wir denken und entscheiden. Unter anderem wird Cortisol uns helfen zu verstehen, wie nicht nur Übergewicht, sondern auch Depressionen und eine Vielzahl körperlicher Erkrankungen entstehen. Aber dazu später mehr.

80 Prozent aller Menschen von etwas Neuem überzeugen zu wollen, ist ein hartes Brot, deshalb lege ich vorsichtshalber noch mal nach. Nein, das Ganze ist keine billige Ausrede der angeblich disziplinlosen Dicken. Ich habe auf der Homepage von Herrn Peters nachgeschaut. Er sieht eher sehr schlank aus. Er hat einfach nur sehr, sehr viele Untersuchungen ausgewertet und ist daraufhin zu seinen Ergebnissen gekommen.

Denn die Hirnforscher wissen: Nicht nur das bewusste Denken verbraucht sehr viel Zucker, sondern auch Stress. Stress ist ein 1-a-Zuckerfresser. Normalerweise genehmigt sich unser Gehirn etwa 60 Prozent der in unserer Blutbahn zirkulierenden Glukose. Unter Stress sind es 90 Prozent. Damit das Gehirn dann nicht anfängt, anderen Körperteilen den dringend benötigten Zucker zu klauen, klemmt der Nucleus arcuatus im Hypothalamus unter Stress deren Signale ab und gibt dem Gehirn Vorfahrt. Bei uns kommt das an als: *SCHOKOLADE!!! IRGENDEINE SCHOKOLADE!!! MUSS NICHT MAL DIE GUTE SEIN!!!* oder *PASTA!!! VIEL PASTA!!!* Zurückübersetzt: *Gib mir Kohlenhydrate, die in Glukose umgewandelt werden können, sonst klau ich sie mir anderswo im Körper. Das kannst du unmöglich wollen.*

Darauf nicht zu hören, ist keine gute Idee. Das verzweifelte Hungersignal würde nicht aufhören, und irgendwann müssten wir nachgeben. Tun wir das nicht, bezahlen wir diesen Raubbau mit allen Symptomen einer Neuroglukopenie, also einem Zuckermangel des Nervensystems. Nach und nach wird im Gehirn alles abgeschaltet, was Zucker verbraucht, was wiederum zu Symptomen bis hin zu Depressionen und Selbstmordgedanken führen kann.

Eine neue Untersuchung besagt, dass gerade Frauen in Stresszeiten zunehmen, und zwar bei gleicher Kalorienzufuhr um bis zu fünf Kilo pro Jahr. Noch mal zur Verdeutlichung: Wenn zwei Frauen ein Jahr lang exakt das Gleiche essen, hat die mit dem höheren Cortisolspiegel, also die, die Stress hat, am Ende des Jahres fünf Kilo mehr auf den Rippen. Hat man ein paar Jahre lang Stress, kommt da ordentlich was zusammen. Zumindest, wenn man Glück hat. Wenn man Pech hat, besitzt man die ungünstigere Immunvariante und beantwortet Stress nicht mit Gewichtszunahme, sondern mit gesundheitlichen Problemen.

Aber können wir das Ganze wirklich einfach umdrehen? Die Dicken sind die Gesunden und die Dünnen die Kranken? Nein, wir müssen umdenken. Der Stress, also erhöhte psychische Belastung, ist der Übeltäter. Er ist es, der Menschen krank macht. Am gesündesten sind Menschen ohne übermäßigen Stress. Unter den Gestressten haben nach Faktenlage allerdings die Beleibteren im Fall einer schweren Erkrankung wie Krebs oder Herzinfarkt die besseren Überlebenschancen. In Stresszeiten abnehmen zu wollen ist also die blödeste Idee überhaupt.

Nur zur Vervollständigung: Es hat sich gezeigt, dass die sogenannten Stressesser dann, wenn der Stress abflaut, automatisch (also durch das Unbewusste gesteuert) wieder weniger essen. Genauso, wie die Unter-Stress-Nicht-Esser in der Ruhephase wieder mehr zu sich nehmen. Je weniger wir an diesen Mechanismen herumfuhrwerken und je mehr wir dem Unbewussten vertrauen, desto größer ist die Chance auf eine gesunde Selbstregulation.

Sonst bekämpfen Sie kein hässliches inneres Tier, sondern ihren gesündesten und wertvollsten Teil.

Aber wie konnten wir diesem Missverständnis so lange aufsitzen? Eine Untersuchung, die Achim Peters in seinem Buch anführt, gibt sehr zu denken. Dort wurden eindeutige Zusammenhänge zwischen dem Auseinanderklaffen der höchsten und der niedrigsten Einkommen in einer Gesellschaft und dem dort gemessenen durchschnittlichen Gewicht festgestellt. Der Wunsch, dass es gerecht zugehen möge, ist im Menschen so absolut verankert, dass man tatsächlich von einem Instinkt reden kann. Schon Einjährige können erkennen, wenn eine Situation ungerecht ist.

Mit dem Thema Gerechtigkeit beschäftigen sich zahlreiche sozialpsychologische Experimente. Bietet man jemandem an, er könne sich entscheiden: Er und der Spielpartner bekämen beide zehn Euro. Oder er bekomme zwanzig und der andere dreißig. Was denken Sie, wofür die Mehrheit sich entscheidet? Genau. Für die Variante, in der sie selbst unter dem Strich weniger erhalten. Aber der andere eben auch nicht mehr.

Das erscheint zunächst einmal nicht unbedingt nachvollziehbar. Klar, unser Unbewusstes ist nicht unfehlbar. Aber warum ist es in diesem Fall so unvernünftig? Vielleicht ist es das ja gar nicht. Schließlich greift es bei seinen Entscheidungen auf unseren gesamten Erfahrungsschatz zurück. Zu diesen Erfahrungen gehört auch die Erkenntnis, die Forscher in einer Untersuchung bestätigt haben, in der sie feststellten, dass Reiche rücksichtsloser Auto fahren, dass sie davon ausgehen, Gesetze gälten für sie nicht und ihnen stehe mehr zu als anderen. Wenn wir also immer wieder die Erfahrung gemacht haben, dass reiche Menschen ihren Reichtum in der Regel nicht dazu nutzen, Gutes zu tun und Werte zu schaffen, die allen zugutekommen, sondern dass das eher die große Ausnahme ist – könnte dann der Teil in uns, der beschließt, lieber selbst Einbußen zu erleiden als einem anderen zu mehr Reichtum zu verhelfen, nicht vielleicht ein ganz vernünftiger sein?

Mir läuft es immer eiskalt über den Rücken, wenn ich den Begriff »Neidkultur« lese oder auch nur, die Deutschen seien insgesamt so neidisch. Häufig stammen solche Aussagen von Menschen, in denen der Wunsch nach Gerechtigkeit nicht besonders tief verwurzelt ist. Selbst wenn es um Menschen geht, die in zweifacher Millionenhöhe Steuern hinterzogen, sprich, uns allen geklaut haben, sind sie immer noch der Meinung, wir seien doch nur neidisch darauf, dass ein anderer sich mehr leistet als wir. Dabei ist es einfach so, dass die meisten von uns Ungerechtigkeit nicht ertragen können. Sie verursacht Stress.

Man muss kein Freund von Verschwörungstheorien sein, um an der Stelle ins Grübeln zu kommen. Behalten wir unsere bisherige Theorie über die Entstehung von Übergewicht bei, die lautet: *Dicke besitzen einfach zu wenig Disziplin, und die Amis sind nur deshalb so fett, weil sie zu viel Fast Food in sich reinstopfen,* so muss sich nichts ändern. Diätprodukthersteller und Ernährungsberater können so weitermachen wie bisher. Übergewicht ist eine selbstverschuldete Krankheit.

Folgen wir der These, dass Gewichtszunahme eine unter dem Strich gesunde Reaktion unseres Gehirns auf Stress ist und dass sie vor allem in Ländern anwächst, in denen die Anforderungen in der Arbeitswelt ständig steigen und immer weniger Menschen von ihrer Arbeit gut leben können, wird es schon erheblich ungemütlicher. Denn dann müssten wir einsehen, dass es zynisch ist, Übergewicht zu stigmatisieren und damit die Opfer ungesunder Zustände zu verhöhnen. Wir müssten nach anderen Schuldigen suchen.

Auf diesem Hintergrund wage ich zu prophezeien: Sie werden auch weiterhin zuverlässig mit Diät- und Fitnesstipps zugeschüttet werden.

Nach diesen doch etwas anstrengenden und vielleicht stellenweise auch irritierenden Ausführungen zum Abschluss noch etwas anderes zum Thema Disziplin.

Noch jemand wohnt in unserer Vorstellung in unmittelbarer Nachbarschaft der Willensstärke: das sogenannte *Positive Denken*. Eine Zeit lang war es ganz groß in Mode. »Denk dich glücklich«, sozusagen. Dass es seit einiger Zeit weniger von sich reden macht, ist im Lichte der neueren Hirnforschung verständlich. Denn die Grundlage des Positiven Denkens ist die Vorstellung, wir könnten unserem Unbewussten vorschreiben, wie es zu denken habe – ohne es um seine Meinung dazu zu fragen. Ganz doofe Idee, wie Sie inzwischen wissen.

Stand der Wissenschaft ist mittlerweile, dass positives Denken nur dann sinnvoll ist, wenn wir Dinge eben nicht selbst beeinflussen können, sondern einer Situation hilflos ausgeliefert sind. Dann mobilisiert es Kräfte, indem wir uns vorstellen, dass alles noch gut ausgehen kann. Davon abgesehen fanden Forscher heraus, dass wir in gedämpfter Stimmung angenehmere Zeitgenossen sind als die sich nur um sich selbst drehenden und mitunter doch etwas zur Rücksichtslosigkeit neigenden »Ich bin gut drauf! Ich bin supergut drauf!«-Herrschaften.

Was nicht heißt, dass es so gar keine Möglichkeit gibt, sich selbst ein bisschen glücklicher zu machen. Manche Therapeuten empfehlen vor allem ihren depressiven Patienten das Führen eines sogenannten Glückstagebuchs, in das sie jeden Abend beispielsweise drei Dinge schreiben, die an diesem Tag gut waren. Mit dem Positiven Denken der alten Schule hat das nichts zu tun, denn es will nichts erzwingen und auch die Realität nicht verleugnen. Es geht lediglich darum, nicht einen wichtigen und stärkenden Teil der eigenen Lebenswirklichkeit regelmäßig unter den Teppich zu kehren und einer alten Weltsicht, die sich aus Erlebnissen der Kindheit speist, das Feld zu überlassen. Denn das schränkt ein und verhindert, dass die Fähigkeiten unseres Unbewussten sich entfalten können. Viel sinnvoller wäre es, stattdessen die Welt noch einmal ganz neu zu betrachten.

Sehen wir im nächsten Teil, was diesen Fähigkeiten sonst noch Fesseln anlegen kann.

Im Würgegriff der Normen

Wenn normal nicht mehr normal ist

Zu meinem ersten Buch *Da gehen doch nur Bekloppte hin – Aus dem Alltag einer Psychotherapeutin* schrieb ein Rezensent: »Was auffällt: Wie oft die Autorin offenbar mit Patienten konfrontiert ist, die sich selbst gar nichts gestatten. Und deren Umwelt ebenfalls sorgfältig darauf achtet, dass alles ›normal‹ verlaufen möge. Erstaunlich, wie viel Macht in unserer freien Gesellschaft die gesellschaftlichen Normen haben.«

Oft sind es – und das macht die Sache noch tragischer – allerdings weniger die gesellschaftlichen Normen, die viele Patienten quälen. Vielmehr handelt es sich um eine Auseinandersetzung damit, was sie selbst für richtig und was sie für falsch halten, oder vielmehr, noch komplizierter: Was sie glauben, was andere speziell bei ihnen für richtig oder falsch halten *könnten*.

So meinte eine Patientin einmal: »Mein Onkel ist gestorben. Ich wundere mich, wie kalt mich das lässt. Ich mache mir Sorgen, ob ich vielleicht zu abgestumpft bin und woran das liegt.«

Bereits nach wenigen Minuten wird klar: Die Patientin ist weder gefühlskalt noch abgestumpft. Sie ist lediglich jemand, der den Kontakt zu seinem Unbewussten verloren hat.

Wer dies nicht getan hat, wer also darauf vertraut, dass sein Unbewusstes gute Gründe hat, sich gegen etwas zu entscheiden, das der bewusste Teil für angemessen hält, würde sich die Frage, ob er den Tod eines Verwandten zu wenig oder zu sehr betrauert, gar nicht erst stellen. Er würde seine Gefühle nicht in dieser Weise bewerten, sondern vielmehr davon ausgehen, dass sie ihre Berechtigung und ihren Grund haben. Möglicherweise würde er sich ebenfalls über das unerwartete Ausmaß oder den Mangel an Gefühlen der Trauer wundern. Er würde sich dafür jedoch keine Vorwürfe machen, sondern dies als Anzeichen dafür werten, dass der Onkel ihm doch mehr oder eben weniger bedeutet hat, als er bisher vermutete. Oder er würde davon ausgehen, dass sein Unbewusstes ihn schützt. Vielleicht, weil er demnächst eine schwierige Prüfung vor sich hat, die er bestehen will. So, wie mein Unbewusstes meine Gefühle abgeschaltet hat, um mich vor einem Autounfall zu schützen.

Wer hingegen den Kontakt zur Stimme seines Unbewussten verloren hat, fragt sich lediglich, welches Ausmaß von Trauer denn angemessen und welches unangemessen ist. Häufig schöpfen diese Menschen das, was in unserer tatsächlich recht freien Gesellschaft möglich wäre, bei Weitem nicht aus. Das, was sie bei anderen ohne nachzudenken gewillt wären zu akzeptieren, gestatten sie sich selbst noch lange nicht.

Zum Psychotherapeuten kommen häufig gerade *nicht* die Patienten, die auffällig sind, weil sie aus der Norm herausfallen. Zu uns kommen eher die, die krank geworden sind, weil sie sich zu sehr verbiegen und unbedingt der Norm entsprechen wollen. Die ihre inneren Kräfte, anstatt sie zu entdecken, sie wertzuschätzen, zu hegen und auf Hochglanz zu polieren, verbiegen oder gleich ganz begraben.

Hier ein Beispiel.

Es handelt sich um eine ältere Patientin, deren Mann vor einigen Jahren gestorben ist.

Von Anfang an gehörte sie zu den Patienten, mit denen die Arbeit deshalb nicht ganz einfach ist, weil der Schwerpunkt ihrer Aufmerksamkeit nicht bei ihnen selbst liegt, sondern eher bei mir. Sie kann nicht spüren, was sie eigentlich bei mir erledigen will, weil sie nahezu ausschließlich damit beschäftigt ist zu beobachten, wie ich auf sie reagiere.

Das ist nicht nur in den Sitzungen so, sondern durchgängig in allen Beziehungen, von denen sie berichtet – sei es die zu ihren Söhnen, die schon vor langer Zeit ausgezogen sind, oder auch nur in oberflächlichen Kontakten zu Ärzten oder Angestellten in den Läden, in denen sie einkauft. Es fällt ihr schwer zu spüren, was ihre eigenen Bedürfnisse sind, denn sie ist nahezu ausschließlich damit beschäftigt, auszuwerten, was andere über sie denken. Wenn sie sich über jemanden geärgert hat, kann sie das nicht geradeheraus sagen, sondern allenfalls fragen: »Was habe ich getan, dass Sie so böse auf mich sind?« Eine Frage, die das Gegenüber begreiflicherweise irritiert.

Selbst wenn ihr Enkelsohn sich über ein Geschenk freut, kann sie sich nicht gemeinsam mit ihm freuen. Stattdessen sagt sie: »Na, da hat die Oma ja wenigstens einmal was richtig gemacht!«

Sie berichtet, in ihrer Kindheit sei vor allem Wert darauf gelegt worden, dass sie »ein braves Kind« sei, mit anderen Worten, dass sie nicht ihren Impulsen folgen, sondern sich an den Normen der Umwelt ausrichten solle. Natürlich müssen Kinder irgendwann lernen, auch die Grenzen anderer zu respektieren. Bei dieser Patientin hatte das allerdings dazu geführt, dass sie sich selbst darüber verloren hatte. War man freundlich zu ihr, hatte sie das Gefühl, alles richtig gemacht zu haben. War man unfreundlich, konnte sie das nicht als Eigenart des anderen erkennen, sondern es diente ihr als Beweis dafür, dass etwas mit ihr nicht stimmte.

In der nachfolgenden Szene einer Sitzung geht es um ein Treffen mit alten Klassenkameraden.

»Was glauben Sie denn, woran es liegt, dass niemand mich mag?«, fragt sie mich.

»Wie kommen Sie darauf, dass niemand Sie mag?«

»Keiner hat mit mir geredet. Wahrscheinlich bin ich denen zu arm oder zu dick.«

»Wieso denken Sie, dass all die Klassenkameraden, die dort waren, Menschen nur nach ihrem Einkommen oder nach ihrer Kleidergröße bewerten?«

»Die haben doch alle mehr Geld als ich. Ich saß ja auch ganz am Rand.«

Zu diesem Zeitpunkt war die Patientin gefangen in einer Weltsicht, die trotz ihres Alters noch ganz und gar kindlich war und die besagte: *Wenn ich alle Normen erfülle, hat man mich lieb, wenn ich es nicht tue, darf ich mich nicht wundern, wenn man mich nicht mag.*

Diese Einstellung hinderte sie zu spüren, was ihre eigenen Bedürfnisse waren, und stahl ihr nahezu alle Lebensfreude.

Sie konnte bei diesem Treffen nicht sagen: *Ach, da ist ja der Heinz, ich setz mich mal zu dem und frag ihn, wie es ihm geht*, woraus ein nettes Gespräch hätte entstehen können. Stattdessen blieb sie das Kind, das brav in der Ecke saß und hinterher maßlos enttäuscht war, dass niemand mit ihr Kontakt aufnahm.

Aber ist es denn nicht normal, normal sein zu wollen? Und was ist überhaupt »normales« Verhalten?

»Normal« ist zunächst einmal ein statistischer Begriff. Er

bezeichnet den Bereich in der Mitte der sogenannten Normalverteilung, der auf die meisten Menschen zutrifft. Wenn ich beispielsweise ausrechnen will, wie viele Krankheitstage pro Arbeitnehmer »normal« sind, schaue ich nach, wie viele Arbeitnehmer es in Deutschland gibt, wie viele Tage sie insgesamt krank waren, teile die letztere Summe durch die erstere und weiß, wie viele Krankheitstage pro Arbeitnehmer »normal« sind. Dieser statistische Durchschnittswert wird allerdings auf die wenigsten haargenau zutreffen. Die meisten werden ein paar Tage mehr oder weniger haben, einige wenige gar keine oder sehr viel mehr als der Durchschnitt. Das heißt, das, was normal im Sinne des Mittelwerts ist, ist eher die Ausnahme als die Regel. Wenn wir nicht aus allem eine Regel machen und darauf bestehen, dass alles in einer ganz bestimmten, vorher exakt festgelegten Form abzulaufen hat, sind wir etwas großzügiger bei dem, was wir für normal halten. Es muss nicht genau dem errechneten Mittelpunkt entsprechen, sondern darf sich in einem gewissen Bereich drum herum bewegen. Der Statistiker nennt diesen Bereich die *Standardabweichung*, aber das nur am Rande. Wir haben also für das Verhalten, das im Allgemeinen für normal gehalten wird, einen gewissen Spielraum, ob es um Krankheitstage oder die richtige Kleidung zu einem bestimmten Anlass geht. Oder eben um Gefühle.

Sich Gedanken darüber zu machen, was »normal« ist und was nicht, ist dennoch nicht nur etwas, das Psychotherapiepatienten das Leben schwer macht, sondern eher allgemeiner Zeitvertreib. So stellte sich neulich beispielsweise in einem Internetforum, in dem es um Lesevorlieben ging, heraus, dass viele Männer nahezu ausschließlich Romane lesen, die von Männern geschrieben wurden, und dass oft auch Frauen von Männern geschriebene Bücher bevorzugen.

Eine Teilnehmerin schrieb: »Ich glaube, ich bin da nicht normal. Ich lese fast nur Bücher, die von Frauen geschrieben werden.«

Ich bin nicht normal, ich schmiere mir Marmelade aufs Käsebrötchen. Ich bin nicht normal, ich übernachte lieber im Hotel als bei Freunden. Ich bin nicht normal, ich rede mit meiner Katze. Anscheinend ist es für viele Menschen selbstverständlich, sich ständig daran zu messen, ob ihr Verhalten dem der Norm, also der Mehrheit entspricht. Oder zumindest dem, von dem sie annehmen, dass die Mehrheit es tut. Offenbar ist es ihnen unbehaglich, wenn das nicht der Fall ist. Der Verdacht liegt nahe, dass sie eventuell auch bereit sind, sich zu verbiegen, um wieder in die Norm zu fallen, also ihrem instinktiven oder unbewussten Wissen zuwiderzuhandeln.

Sehen wir uns dazu ein interessantes Experiment an.

Sozialpsychologen befassen sich damit, wie Menschen sich in Gruppen verhalten. In den 1950er-Jahren zeigte ein Sozialpsychologe namens Asch, wie sehr wir selbst dann willens sind, uns anderen anzupassen, wenn wir dabei gegen unsere eigenen, festen Überzeugungen verstoßen. Er wählte dafür ein schlichtes Wahrnehmungsexperiment. Auf der linken Seite war eine Linie abgebildet, auf der rechten Seite drei Linien unterschiedlicher Länge. Die Versuchspersonen wurden gebeten, von diesen drei Linien jeweils die Linie herauszufinden, die genauso lang war wie die auf der linken Seite. 95 Prozent der Teilnehmer gelang das selbst bei zwölf Durchgängen fehlerlos. Also eigentlich eine völlig klare Sache.

Ganz anders sah es jedoch aus, wenn man die Untersuchung in einer Gruppe durchführte. Der Trick bei der Geschichte war, dass es sich bei den anderen Teilnehmern in Wahrheit um Assistenten des Versuchsleiters handelte. Gaben sie durchgängig eine einheitliche Antwort, die von der richtigen – die wie gesagt offensichtlich war – abwich, erhöhte sich der Fehleranteil der Versuchsperson beträchtlich. Insgesamt blieb nur noch ein Viertel der Versuchspersonen in diesem Fall bei ihrer richtigen Antwort! Dieser Effekt trat bereits ein, wenn außer der Versuchsperson nur zwei andere Personen anwesend waren, die ebenfalls für Versuchspersonen gehalten wurden. Das heißt: Sobald diejenigen, die eine andere Meinung als wir vertreten, in der Mehrheit sind – wie knapp auch immer –, sind wir geneigt einzuknicken, selbst wenn wir wissen oder zumindest ahnen, dass sie unrecht haben. Wir geben dann nicht einfach eine falsche Antwort, um nicht dumm aufzufallen. Nein, wir sind plötzlich zutiefst irritiert, ob unsere Entscheidung tatsächlich die richtige ist.

Mitunter lassen wir uns allerdings selbst dann verunsichern, wenn wir in der Überzahl sind.

Hierzu möchte ich Ihnen eine Geschichte erzählen, die angeblich von dem türkischen Geschichtenerzähler Hodscha Nasreddin stammt, der im 13. oder 14. Jahrhundert gelebt haben soll.

Es ist *Die Geschichte vom Mann, dem Sohn und dem Esel.*

Ein Vater und sein Sohn haben auf dem Markt einen Esel gekauft. Auf dem Heimweg reitet der Vater auf dem Esel, der Sohn läuft neben ihm her. Unterwegs treffen sie einen Wanderer, der meint:»Was bist du nur für ein Vater, der seinen Sohn mit den kurzen Beinen laufen lässt und selbst bequem auf dem Esel sitzt?«

Sie tauschen, und der Sohn setzt sich auf den Esel. Der nächste Wanderer, der ihnen entgegenkommt, meint:»Da hast du deinen Sohn aber schlecht erzogen, dass er das Alter so wenig ehrt, dass er seinen Vater laufen lässt!« Der Sohn steigt ab. Beide laufen nun neben dem Esel her, bis sie einem Wanderer begegnen, der sich vor Lachen nicht zu halten weiß. »Ihr seid mir ja schöne Dummköpfe!«, meint er. »Da habt ihr einen Esel und lauft zu Fuß!« Also setzen beide sich auf den Esel, bis sie einem Wanderer begegnen, der aus Leibeskräften schimpft: »Wegnehmen müsste man euch das arme Tier, bevor ihr es zuschanden reitet!« Vater und Sohn fällt nun nichts anderes mehr ein, als den Esel an eine Stange zu binden und ihn nach Hause zu tragen.

Schon vor Hunderten von Jahren wusste man also bereits: Wenn wir uns nur nach dem richten, was andere für richtig halten, kommen wir auf keinen grünen Zweig. Und was das Wichtigste ist: Wir machen damit etwas in uns kaputt, das sich bereits sehr, sehr lange bewährt hat. Spätestens seit der Zeit, als unsere Vorfahren beschlossen, dass man doch auch mal das Leben an Land und außerhalb der Urmeere ausprobieren könnte.

Wir haben einen wunderbaren inneren Maßstab, der älter ist als wir, älter als die Menschheit. Ihn ständig zu missachten oder gar zu beschimpfen, tut uns nicht gut und macht uns schlimmstenfalls krank. Mit dem, was wir für normal halten, liegen wir, was die psychische Gesundheit betrifft, oft schwer daneben. Denn jeder von uns hat seine ganz eigene Geschichte, die ihn geprägt hat, und wir kommen schon mit unterschiedlichem Temperament und unterschiedlichen Anlagen auf die Welt. Was dem einen guttut, ist für den anderen Gift.

Das ist einer der Gründe, warum sich die meisten Psychologen und die allermeisten Psychotherapeuten mit Ratschlägen extrem zurückhalten. Weil wir wissen, wie unterschiedlich Menschen sind und dass es eher schädlich als nützlich ist, sie alle über einen Leisten schlagen zu wollen.

Wie oft Menschen Vermutungen über das anstellen, was »man« tun oder lassen sollte und wie sehr sie dabei oft ihrem klugen Unbewussten zuwiderhandeln, dazu im Folgenden ein paar Beispiele.

Von Katzen und Selbstgesprächen

Es ist ein Phänomen, das mich immer wieder verblüfft. Ich werde mich ihm deshalb etwas ausführlicher widmen.

Praktisch *jeder* Tierbesitzer, den ich kenne, egal, ob er mit Hund, Katze, Vogel oder was auch immer zusammenlebt, hat mir schon einmal erzählt, wenn »jemand« ihn beobachten würde, wenn er allein mit seinem Tier ist, würde der ihn bestimmt für »nicht normal« halten. Denn er rede mit seinem Tier.

Wenn ich nachfrage, wer dieser imaginäre Jemand denn sei, der einen für nicht normal halten könne, bekomme ich in der Regel die Antwort, das sei zum Beispiel ein Mensch, der selbst keine Tiere besitze. Gut, damit fallen schon einmal 55 Prozent der Deutschen weg. Könnte es sein, dass wir unseren natürlichen Instinkten (in diesem Fall, mit Lebewesen zu kommunizieren) selbst dann misstrauen, wenn die Mehrheit für unser Handeln Verständnis hätte? Zweifeln wir unser Handeln selbst dann an, wenn wir nur die *Fantasie* haben, irgendjemand, den wir uns nur ausgedacht haben, könne es kritisieren oder lächerlich finden? Leben wir also in ständiger Angst, uns zu blamieren?

Dabei können wir uns auch in diesem Fall auf unseren Instinkt verlassen. Natürlich reden wir mit unseren Tieren! Es wäre verdammt unhöflich, es nicht zu tun. Sie reden schließlich auch mit uns. Katzen beispielsweise kommunizieren untereinander praktisch nicht mit Lauten, sondern ausschließlich körpersprachlich. Ob sie darum mit uns reden, weil sie schnell merken, dass wir zu doof sind, ihre Körpersignale zu verstehen, oder ob sie es tun, weil sie mitkriegen, dass wir Menschen untereinander uns über Sprache verständigen – jedenfalls entwickeln die meisten Hauskatzen ein reichhaltiges Repertoire an Sprache, das ausschließlich der Kommunikation mit Menschen vorbehalten ist.

Ich habe eine Katze, die ab und zu einen ganz bestimmten Laut ausstößt, der meinem Mann und mir lange rätselhaft war. Es dauerte eine Zeit, bis ich herausfand, was er bedeutet. Übersetzt lautet er: *Übrigens, ich spiele gerade mit meinem rosa Mäuschen.* Dieser Laut wird für keine andere Situation verwendet, für kein anderes Spielzeug. Wann immer sie ihn ausstößt und ich zu ihr gehe, trägt sie ebendieses Lieblingsspielzeug mit sich herum oder es liegt direkt vor ihr. Dass es sich dabei nicht um eine Ausnahme handelt, habe ich von einem Probeleser erfahren, der prompt berichtete, seine Katze habe einen speziellen Laut, der bedeutet: *Übrigens, ich spiele gerade mit meinem Plüscheichhörnchen.*

Die von Katzen eigens für den Kontakt mit uns entwickelte Sprache ist also ungeheuer differenziert. Es wäre verständlich, wenn sie sie nicht mehr benutzten, denn sie verstehen uns sehr viel besser als wir sie. Schließlich ist auch bei uns der körpersprachliche Ausdruck dem rein sprachlichen bei Weitem überlegen, auch wenn uns das nicht wirklich bewusst ist. Stimmt das gesprochene Wort eines Menschen nicht mit Stimmlage, Mimik und Gestik überein, so entscheiden wir uns grundsätzlich dafür, dem körpersprachlichen Ausdruck zu glauben. Denn unser Unbewusstes weiß, wie wir gesehen haben, aus Erfahrung: Mit Worten kann man leicht lügen, mit dem Körper ist das schon sehr viel schwerer.

Stellen Sie sich einen erwachsenen Menschen vor, der noch bei seiner Mutter lebt, die nicht wirklich viel dafür getan hat, dass er irgendwann einmal seiner eigenen Wege geht. Eines Abends beschließt er, es zu wagen, sich mit einem Arbeitskollegen zu treffen und ein Bierchen trinken zu gehen. Oder, noch schlimmer, mit einer Arbeitskollegin. Er teilt das seiner Mutter mit, und sie antwortet:»Ja, geh nur.«

Sie können sich gut vorstellen, wie die Mutter diesen kurzen Satz betonen muss, damit er weggehen und denken kann:»Prima, offenbar findet sie das doch gar nicht so schlimm, mal einen Abend allein zu sein«, und er wird erleichtert weggehen.

Sie können sich aber auch sehr genau vorstellen, wie die Mutter den Satz betonen muss, damit der Sohn in der Tür stehen bleibt und fragt:»Es ist dir also nicht recht?«

Daraus kann sich dann eine frustrierende Endlosgeschichte entspinnen, wie oft, wenn wir (zu Recht) der nichtsprachlichen Botschaft glauben und dies äußern.

»Wieso, ich habe doch gesagt, du kannst *ruhig* gehen.« (Übersetzt: Ups, erwischt. Ich streite das mal besser ab.)

»Ich habe aber den Eindruck, es ist dir nicht recht.« (Übersetzt: Mein Unbewusstes, das viel schlauer ist als das Bewusste, sagt nämlich das Gegenteil.)

Das kann dann den ganzen Abend so gehen und würde – wäre das Ganze eine Filmszene – hundertprozentig in einem Familiendrama mit Personenschaden enden.

Aber zurück zu den Fähigkeiten der Tiere, uns zu verstehen.

Bei *Wetten, dass …?* wurde vor einigen Jahren ein Hund gezeigt, der über zweihundert menschliche Bezeichnungen für Spielsachen unterscheiden konnte. Er holte jedes Spielzeug, das ihm benannt wurde. In einer anderen Sendung kam ein Reporter zu der Besitzerin nach Hause und legte in dem Zimmer, wo das Spielzeug aufbewahrt wurde, den Windschutz seines Mikros ab. (Sie wissen, was ich meine, dieses puschelige Ding.) Als das Frauchen zu dem Hund sagte: »Hol das Mikro!«, holte der Hund – natürlich – das einzige Ding, das er nicht kannte. Den Mikroschutz. Selbst einen Monat später konnte der Hund sich noch an die Bezeichnung erinnern, die er nur ein einziges Mal gehört hatte. Das entspricht der Intelligenz eines dreijährigen Kindes. Der Border-Collie-Hündin Chaser, die auch in dem Film *Ein Schweinchen namens Babe* mitspielte, brachten amerikanische Wissenschaftler bei, mehr als tausend Gegenstände namentlich zu unterscheiden. Danach war allerdings Feierabend. Nicht, weil Chasers geistige Kapazität ausgeschöpft gewesen wäre. Nein, die Wissenschaftler waren auch mit anderen Projekten beschäftigt und hatten deshalb keine Zeit mehr, auszuloten, wie viele Begriffe die Hündin noch hätte erlernen können.

Einfache Boulevardzeitungen nutzen einen Wortschatz von etwa vierhundert Wörtern, anspruchsvollere Zeitschriften einen von etwa fünftausend. Es gibt also keinen Grund dafür, sich unseren Haustieren auch nur im Entferntesten überlegen zu fühlen. Zumal es sich bei ihnen zudem noch um Fremdsprachenkenntnisse handelt. Dagegen sehen wir wirklich alt aus. Zeigen Sie mir den Menschen, der über tausend verschiedene Hundelaute richtig deutet.

Sich zu schämen, mit Tieren zu sprechen, hat für mich deshalb irgendwie auch etwas Kreationistisches. Zur Erinnerung: Kreationisten sind die Leute, die die Ergebnisse von Wissenschaftlern ablehnen, wenn sie dem widersprechen, was in der Bibel steht. Für sie wurde die Welt in sechs Tagen erschaffen, und zwar vor wenigen Tausend Jahren. Menschen haben, wenn es nach ihnen geht, auch keine tierischen Vorfahren, und Gott hat die Dinosaurierknochen nur vergraben, um unseren Glauben zu prüfen.

Noch vor wenigen Generationen glaubten wir, mit Tieren praktisch nichts gemein zu haben, schließlich hatte der liebe Gott sie ja auch an einem ganz anderen Tag als uns erschaffen. Erst seit wir die Fakten der Evolution kennen, haben wir begonnen, uns systematisch mit dem zu beschäftigen, was Tier und Mensch gemeinsam haben. Mittlerweile können wir genau sagen, wie viel Prozent unserer Gene wir mit welcher Tierart gemein haben. Wir zucken nicht einmal mehr zusammen, wenn die Forscher nachweisen, dass wir nicht nur mit dem Orang-Utan 97 Prozent unserer genetischen Ausstattung teilen, sondern auch mit der Maus.

Das ist natürlich nur die eine Seite der Medaille. Nicht nur Tiere sind uns viel ähnlicher, als wir glaubten. Auch wir sind ihnen sehr viel ähnlicher, was eben auch bedeutet, dass wir unseren Instinkten viel mehr vertrauen dürfen, als wir bisher ahnten.

Wenn ich meine, ich muss Tiere behandeln wie Gegenstände, gehe ich davon aus, dass ich ihnen haushoch überlegen bin. Wenn ich die Fakten der Evolutionsbiologie anerkenne, kann ich hingegen davon ausgehen, dass wir jede Menge mit ihnen gemeinsam haben.

Menschen kommunizieren mit Lauten, später mit Sprache. Gibt es also irgendeinen Grund, warum wir mit unseren Haustieren nicht kommunizieren sollten? Wir tun es instinktiv. Uns zu zwingen, nicht mehr mit unseren Tieren zu reden, würde bedeuten, ohne stichhaltigen Grund etwas zu unterlassen, das zu uns gehört.

Außerdem beginnen auch Eltern spätestens nach der

Geburt, mit ihrem Kind zu sprechen. Obwohl sie wissen, dass es ihre Worte noch nicht begreifen kann. Einfach, weil es unsere Art ist, Kontakt aufzunehmen.

Etwas Ähnliches wie das Sprechen mit Haustieren ist das Reden mit uns selbst. Auch hier stoßen wir wieder auf das eigenartige Phänomen einer Handlung, die jedem vertraut ist, die allerdings auch fast jeder negativ beurteilt. Sie ahnen es schon: Auch das Mit-sich-selbst-Reden ist etwas absolut Gesundes und Natürliches. Möglicherweise ist es unter anderem deshalb in Misskredit geraten, weil es zum Erscheinungsbild mancher schwerer psychischer Störungen gehört, laut schimpfend durch die Straßen zu ziehen. Übrigens ist diesen Menschen, die häufig unter einer Schizophrenie leiden, meist gar nicht bewusst, dass sie laut reden und dass das innere Zwiegespräch, das wir alle ständig führen, sich in die Außenwelt verlagert hat. Mit dem alltäglichen Mit-sich-selbst-Reden hat das so wenig zu tun wie normales Atmen mit dem Röcheln eines schwer Lungenkranken. Sie würden doch auch nicht das Atmen einstellen, nur damit man Sie nicht für lungenkrank hält?

Kinder finden schon sehr früh heraus, dass es hilft, Dinge zu begreifen und zu erlernen, wenn man darüber laut sinniert. Mit etwa zwei Jahren fangen sie damit an, und mit drei bis fünf Jahren lösen sie auf diese Art Aufgaben deutlich schneller. Etwa vom sechsten Lebensjahr an verlernen sie es wieder, was auch ganz sinnvoll ist. Eine ganze Klasse laut denkender Schüler würde sich untereinander erheblich in der Konzentration beeinträchtigen. Die meisten Erwachsenen reden nur dann noch mit sich selbst, wenn sie allein sind. Vieles deutet darauf hin, dass bei ihnen, wie bei Kindern, das Sprechen mit sich selbst vor allem die Funktion hat, die Aufmerksamkeit zu bündeln. Man könnte auch sagen, es hilft, die Menge der mitunter etwas ungeordnet aus dem Unbewussten angelieferten Gedanken zu ordnen, und führt auch bei Erwachsenen dazu, dass Aufgaben leichter gelöst werden können.

Vor allem in der Sportpsychologie wird das Mit-sich-selbst-Reden derzeit erforscht. Man untersucht, wie Sportler sich selbst anfeuern. Dabei ist es besonders interessant, welche Art des Redens mit sich selbst wirksam ist und erfolgreicher macht und welche eher das Gegenteil bewirkt.

Auch diese Fähigkeit hat ihren schlechten Ruf also absolut nicht verdient. Dennoch wird nach wie vor viel Falsches darüber verbreitet. Zurzeit läuft im Fernsehen ständig der Werbespot eines Online-Reiseanbieters. Eine Frau liegt im Bikini auf einer Sonnenliege und sinniert laut über eine anstehende Urlaubsreise. Plötzlich unterbricht sie sich: »Ich rede mit mir selbst – ein Zeichen für beginnenden Wahnsinn!«

Sie können sich vorstellen, wie wenig begeistert Psychologen sind, wenn solcher Unsinn öffentlich verbreitet wird. Selbst wenn wir dabei unser abendliches Käsebrot essen und nicht mal bewusst registrieren, was uns da erzählt wird: Es gelangt in das Archiv unseres Unbewussten. Die eifrigen Angestellten dort haben lediglich die Aufgabe, das eingehende Material zu verstauen, nicht, es zu bewerten. Je häufiger uns Unsinn erzählt wird, desto eher sind wir bereit, ihn zu glauben.

Die Frage »Ist das noch normal oder nicht?« scheint demnach zu unserem ständigen Begleiter geworden zu sein. Wobei höchst unterschiedliche Maßstäbe herrschen, je nachdem, ob es sich um uns selbst oder um die anderen handelt. Wer nicht weiß, wie eine gesunde Psyche funktioniert und wozu sie in der Lage ist, schränkt sich vorsichtshalber ein und beschließt: Normal ist es, nicht aufzufallen, und abnorm ist man, wenn man auffällt.

Witzigerweise gehen viele Menschen davon aus, dass Psychologen und Psychotherapeuten Menschen vor allem danach bewerten, wie gut sie an Normen angepasst sind. Sie erzählen uns häufig, was sie alles an »völlig verrückten« Dingen täten und sind überrascht, wenn wir diese Sachen nicht nur für völlig normal, sondern sogar für besonders gesund halten.

Schließlich sind wir Therapeuten dafür zuständig, Menschen dabei zu unterstützen, dass sie sich zufrieden fühlen und gut mit sich selbst und der Welt zurechtzukommen.

Wir wissen auch, dass es uns allen offenbar guttut, sich Normen nicht allzu sehr zu unterwerfen.

Schauen wir uns an, wie es aussieht, wenn Menschen ebendies nicht tun, und warum das ein besseres Mittel zur Jungerhaltung ist als jede Anti-Aging-Creme.

Die auf die Normen pfeifen

Die beiden Künstler David McDermott und Peter McGough leben seit vielen Jahren konsequent wie ihre Urgroßeltern. Sie kleiden sich wie Gentlemen der damaligen Zeit, haben ihre elektrischen Leitungen in einer aufwendigen Aktion über Putz verlegt, und wenn David McDermott den Ozean überqueren will, setzt er sich nicht in ein Flugzeug, sondern reist auf der Queen Mary. Er kommuniziert nicht per E-Mail, da er keinen Computer besitzt, sondern schreibt Briefe mit dem Füller. Anschließend klebt er eine historische Penny-Briefmarke auf die Vorderseite des Briefes und, weil es nun mal sein muss, eine aktuelle auf die Rückseite, dort, wo sie den ästhetischen Gesamteindruck nicht stört.

In den 1980er-Jahren untersuchte der schottische Arzt David Joseph Weeks, wie es sich auswirkt, wenn Menschen deutlich von der Norm abweichen, ohne deshalb krank oder kriminell zu sein. Mit anderen Worten: Er untersuchte Menschen, die man als exzentrisch bezeichnen könnte. Übersetzt bedeutet dieser Begriff *außerhalb der Mitte*. Es handelt sich also um die, die sich nicht nach der statistischen Norm ausrichten. Natürlich reden wir hier nicht von Menschen, die sich egoistisch und ohne Rücksicht auf andere durchsetzen. Sondern von Menschen, die offenbar im Einklang mit den

Impulsen ihres Unbewussten leben und die sich selbst lediglich die Rechte einräumen, die sie auch anderen zu gewähren
bereit sind. Wenn Bekannte mir von jemandem erzählen,
dessen Verhalten ungewöhnlich ist, folgt oft der Kommen-
tar: *Das wäre ein Fall für dich*. Wie ich bereits erwähnte, gehen
viele Menschen ja davon aus, Psychologen und Psychotherapeuten hätten nichts anderes zu tun, als genau zu beurteilen, wer sich entsprechend der üblichen Normen verhält,
und den, der es nicht tut, für psychisch krank zu erklären.
Sie wissen ja bereits, dass das blanker Unsinn ist.

Auch David Weeks musste zu Beginn seiner Untersuchungen zunächst einmal festlegen, wie man Exzentriker von
psychisch Kranken unterscheidet. Er stellte fest, dass die Begriffe *exzentrisch* und *verrückt* lange als nahezu identisch gal-
ten, um jemanden zu beschreiben, dessen Verhalten als unvorhersehbar und befremdlich angesehen wurde.

Er untersuchte insgesamt über tausend Menschen, die als
exzentrisch bezeichnet werden könnten, was kein leichtes
Unterfangen war, denn er schätzt das Vorkommen eines ech-
ten Exzentrikers auf eins zu zehntausend. Unter den von
ihm Befragten befanden sich unter anderem ein Indianer,
der grundsätzlich nur rückwärts lief, jemand, der auf einer
selbst gebauten Kreuzung aus Fahrrad und Schaukelpferd he-
rumfuhr, und eine Frau, die entgegen allen physikalischen
Gesetzen fest davon überzeugt war, es sei möglich, ein Perpe-
tuum mobile zu bauen, also ein Gerät, das imstande ist, sich
ohne die geringste Energiezufuhr, rein aus sich selbst heraus,
zu bewegen. Ihre diesbezüglichen Versuche endeten mit
Feuerwehrgroßeinsätzen, aber das hielt sie nicht davon ab,
es immer wieder zu versuchen. Fälle für den Psychologen?
Durchaus. Psychologen sind Leute, die sich dafür interessieren, wie der Mensch allgemein so tickt.

Fälle für den Psychotherapeuten? Keineswegs. Psychotherapeuten sind Menschen, die sich mit psychischem Leiden befassen.

Denn das unterscheidet Exzentriker von denen, die tatsächlich von einer psychotherapeutischen Behandlung profitieren können: Sie leiden nicht. Im Gegenteil, sie sind außerordentlich zufrieden mit ihrem Leben. Sie haben lediglich außergewöhnliche Ideen und verfolgen sie ungeachtet dessen, was ihre Umwelt davon hält. Schon als Kinder sind sie extrem neugierig und geben sich mit einem einfachen »Warum?« – »Darum!« nicht zufrieden.

Wir alle haben als Kinder ausgefallene Ideen gehabt. Versuchen Sie sich einmal zu erinnern, welches Ihre waren.

Mir persönlich fällt spontan ein, dass wir am ersten Schultag lernen sollten, Os zu schreiben. »Die sehen aus wie ein Ei«, erklärte die Lehrerin. Was tat ich? Ich legte die »Eier« quer in die vorgesehenen Zeilen und verpasste ihnen Schleifchen und den Schleifchen wiederum Muster. Dass das als »falsch« bewertet wurde, ließ mich damals für einen Moment an der Institution Schule zweifeln.

Ein paar Jahre später hatte ich in einer Wissenschaftssendung für Kinder gesehen, dass man mit zwölf der Länge nach gefalteten Papierstreifen und etwas Klebstoff das Gerippe eines Kubus herstellen kann. Ich weiß nicht mehr, was mich daran so fasziniert hat, jedenfalls produzierte ich die Dinger ein paar Wochen lang in Serie. Die Fragen meiner Familie, worauf das hinauslaufen solle, konnte ich nicht beantworten. Irgendwann verlor das Ganze seinen Reiz, ich knüllte alles zusammen und warf es in den Papierkorb. Um eine richtige Exzentrikerin zu werden, hätte ich wohl etwas mehr Durchhaltevermögen bei diesen Aktionen beweisen müssen.

Wenn wir klein sind, haben unsere Eltern ihre liebe Not damit, uns beizubringen, dem Nachbarn gegenüber nicht zu wiederholen, was sie beim Mittagessen über ihn gesagt haben, in Gegenwart anderer Menschen einigermaßen vollständig bekleidet zu bleiben und nicht jedes Mal laut zu schreien, wenn wir etwas nicht bekommen. Mit anderen Worten: Wir lernen, dass es im menschlichen Zusammenleben Normen gibt, und das ist auch gut so. Allerdings ist wie bei allem ein Übermaß bekanntlich ungesund, und so gibt es auch bei den Normen Grenzen. Jemanden, der seine Suppe so geräuschvoll zu sich nimmt, dass im Restaurant alle bis auf den letzten Platz Anteil daran nehmen können, fänden wir auffällig. Ebenso wie jemanden, der stets einen Rest übrig lässt, weil er irgendwo gehört hat, es gehöre sich nicht, die Suppentasse zu kippen, um das Letzte aus ihr herauszuholen.

Oft werden wir als Kinder nicht darin ermutigt, den Impulsen unseres Unbewussten zu folgen. Viele Menschen wachsen eher mit dem Satz »Was sollen denn die Leute sagen!« auf. Exzentriker sind Menschen, denen das nichts ausmacht oder die schlicht stur sind und sich ein Stück dieser Art von Kreativität und Ausprobierenwollen bewahrt haben.

Einige der Resultate von Weeks' Untersuchung zeigten, dass Exzentriker wenig Konkurrenzdenken haben, dass sie ausgefallenen Hobbys nachgehen und Humor besitzen. Für Weeks ist Kreativität das Herz der Exzentrizität. Man könnte auch sagen: Wer sich zu stark an äußeren Normen orientiert und sich nicht traut, den überraschenden Ideen und Lösungen zu folgen, die sein Unbewusstes bereithält, wird es schwer haben, Neues zu schaffen.

Überraschend war für den Forscher die Tatsache, dass der gesundheitliche Zustand der von ihm untersuchten Personen weit über dem Durchschnitt lag und dass sie jünger aussahen, als es ihrem biologischen Alter entsprach. Als Weeks die Lebensläufe historischer Personen auswertete, die als exzentrisch eingestuft worden waren, fand er zudem heraus, dass sie über eine höhere Lebenserwartung verfügten. Er nahm an, dass Exzentriker sich weniger stressen, indem sie sich nicht ständig mit anderen vergleichen, was sich günstig auf das Immunsystem auswirkt.

Mit anderen Worten: Je weniger wir versuchen, mit aller Gewalt dem statistischen Mittelwert zu entsprechen, desto weniger nagt das besagte Stresshormon Cortisol an unserer Gesundheit. Je mehr wir den Impulsen unseres Unbewussten vertrauen, mal ganz andere Wege zu gehen, desto besser für uns.

Was sollen denn die Leute sagen?

Aber warum schränken wir uns so stark ein? Ist unsere Angst, von anderen abgelehnt zu werden, weil wir irgendwie anders sein könnten, wirklich so groß?

Haben wir in unserem Leben eine gute Portion Liebe und Wertschätzung abbekommen, tragen wir sie wie einen inneren Schatz in uns. Er macht uns stark und optimistisch, und wir können auch Kritik leichter verkraften. Haben wir sie nur sporadisch oder nur unter bestimmten Bedingungen bekommen, reißen wir uns oft ein Bein dafür aus und fallen selbst bei einer Ablehnung, die nur in unserer Fantasie existiert, in ein tiefes Loch.

Wenn wir aber alles tun, um geliebt zu werden oder zumindest, um nirgends anzuecken oder aufzufallen, verlieren wir den Kontakt zu dem Teil in uns, der sehr viel besser weiß als unser Verstand, was uns guttut. Aber vielleicht haben wir mit der ganzen Anpasserei ja auch recht? Zu oft haben wir erlebt, wie über andere geurteilt wurde, haben es sicher auch selbst schon getan.

Wir sind zu einem Fest eingeladen. Was ziehen die anderen an? Was schenkt man? Wie oft gehen die anderen zum Büfett? Abweichungen von der Norm finden wir bei anderen durchaus verzeihlich. Vielleicht lästern wir später ein wenig hinter ihrem Rücken, wer over- und wer underdressed war, wessen Geschenk zu billig oder zu teuer war, wer sich die besten Happen gesichert und nachher nicht mal aufgegessen hat – mit anderen Worten, wer von der gefühlten Norm – die wiederum von Mensch zu Mensch komplett unterschiedlich sein kann, wie wir in der Vater-Sohn-Esel-Geschichte gesehen haben – abgewichen ist.

Wir könnten versuchen, so unauffällig zu sein, dass wir niemals der Gegenstand von Klatsch und Tratsch sein werden – es wird uns nicht gelingen. Viele fürchten allerdings nicht nur, was man über sie reden, sondern bereits, was andere über sie denken könnten. Wenn man das tut, macht man sich zum Kind, das versucht, die Regeln der Welt zu begreifen und das sich schämt, wenn es sich »blamiert«. Man begreift sich dann nicht als Individuum, als einzigartiger Mensch mit einzigartiger Geschichte und genetischer Ausstattung (Letzteres zumindest, wenn man kein eineiiger Zwilling ist), sondern als jemand, dem es nicht gelungen ist, sich in eine allgemein gültige Form zu zwängen. Man fragt nicht nach den Ursachen und akzeptiert sie als Ausdruck der eigenen Persönlichkeit, die so einzigartig ist wie ein Fingerabdruck, sondern schämt sich im Gegenteil noch dafür.

Es wird immer eine Diskrepanz bestehen zwischen dem, was Leute uns ins Gesicht sagen, und dem, was sie über uns denken – und möglicherweise auch mit anderen teilen –, wenn wir die Tür hinter uns zugemacht haben. Viele Menschen halten das für ein Zeichen dafür, dass man eben niemandem trauen kann und dass auch die Menschen, die sich Freunde nennen, hinterhältig und verlogen sind. Wie bereits erwähnt werten Wissenschaftler nicht in dieser Weise. Wenn sie eine Verhaltensweise untersuchen, kleben sie ihr nicht als Erstes das Etikett *Gut* oder *Böse* auf. Sie betrachten Verhaltensweisen erst einmal objektiv und fragen: *Woher kommt das? Welche Funktion hat das?*, anstatt sie zu bewerten. Auch die Untersuchung des Phänomens *Tratsch* ist in der Sozialpsychologie ein eigener Forschungszweig.

Schon als Kinder stellen wir fest, dass Menschen unterschiedlich sind, dass wir mit Vater, Mutter und Geschwistern nicht immer einer Meinung sind, und das ist noch vorsichtig ausgedrückt. Auch später erfahren wir, dass wir unseren Partnern, Freunden, Kindern zwar immer wieder freundlich begegnen können, dass wir innige Momente miteinander erleben können, dass es aber ebenso immer wieder Situationen gibt, in denen uns bewusst wird, wie sehr der andere sich von uns unterscheidet und wie fremd er uns mitunter auch ist.

Dies immer wieder zu betonen, verbessert nicht gerade die Stimmung. Mit *Ich kann nicht verstehen, wie du ...* schafft man sich keine Freunde. Es ist viel eher im Sinne eines friedlichen Zusammenlebens, das zu betonen, was verbindet, nicht das, was trennt.

Was uns mitunter ganz und gar unverständlich ist, bricht sich allerdings oft Bahn, wenn wir zuvor einige Zeit miteinander verbracht haben. Davon kann jeder ein Lied singen, der schon einmal mit Freunden in Urlaub war. Man hat von Fällen gehört, wo das geklappt hat. Oft geht es schief, häufiger als bei Paaren, die über die Jahre schon kapiert haben, dass der andere eben doch etwas anders tickt, und die gelernt haben, mit dieser Andersartigkeit umzugehen und Kompromisse zu schließen.

Wenn wir uns nach einem solchen mit Freunden gemeinsam verbrachten Urlaub oder auch nur einem gemeinsamen Abend Luft verschaffen und mit anderen darüber reden, was wir im Zusammensein problematisch fanden, mag man das für feigen Verrat halten, für einen Beweis dafür, dass man niemandem trauen kann und dass jeder über einen redet, wenn man ihm nur den Rücken kehrt.

Man kann sich aber auch auf den Standpunkt stellen: Besser, ich mache mir bei anderen Luft, als dass ich denen, die mir nahestehen und die ich nicht verlieren will, jedes Mal aufs Brot schmiere, was ich alles befremdlich an ihnen finde, womit ich Streit und schlimmstenfalls das Ende der Freundschaft riskiere.

Ich finde, in beiden Haltungen steckt ein bisschen Wahrheit. All das gehört zu uns. Das Tratschen ebenso wie die Loyalität, der Wunsch dazuzugehören ebenso wie der, das zu leben, was uns einzigartig macht.

Was wir für akzeptabel und für innerhalb der Norm halten, hängt davon ab, woran wir unser Urteil festmachen. Wie wir wissen, gibt es dabei von Land zu Land, von Kultur zu Kultur gewaltige Unterschiede. Die Grenzen des Strafgesetzbuches berühren die meisten von uns zum Glück nur selten. Sicher gibt es Menschen, für die auch Gesetze nicht unbedingt etwas sind, das sie für bindend erachten. Vielleicht waren sie auch schon das eine oder andere Mal im Gefängnis und bemühen sich lediglich darum, nicht erwischt zu werden. Das ist das eine Extrem.

Das andere ist, wenn wir alles dafür tun, dass nur nie, nie, nie jemand einen Anlass findet, über uns zu lästern. Da wird es dann schon langsam eng. Denn wir alle machen Beobachtungen, und oft haben wir auch den Wunsch, sie mit jemandem zu teilen. Nur Heilige treten jedem ihrer Mitmenschen mit abgeklärter Milde gegenüber und finden nie etwas zu lästern an ihnen. Und nur Kleinkinder hauen alles raus, was ihnen durch den Kopf geht. Es grundsätzlich zu tun, hat nichts mit Ehrlichkeit zu tun, sondern lediglich mit mangelnder Impulskontrolle.

Ja, es gibt die sozialen Normen, und ich werde einen Teufel tun, dazu aufzurufen, sie alle über Bord zu werfen, samt den inneren Stimmen, die uns fragen, was denn wohl andere Menschen zu dem sagen, was wir tun. Es gibt gute Gründe, warum unsere Mitmenschen uns nicht gleichgültig sind; sie sind sowohl psychologischer als auch soziologischer Natur.

Ich möchte Sie lediglich – wie ich es pausenlos bei meinen Patienten tue – dazu animieren, mit sich selbst nicht sehr viel strenger zu sein als mit Ihren Mitmenschen. Stellen Sie sich, wenn Sie wieder einmal überlegen, ob irgendetwas geht oder nicht, doch öfter mal die Frage, wie Sie dieses Verhalten bei anderen bewerten würden. Wenn es für Sie bei anderen völlig okay wäre – warum sollten Sie es sich dann nicht gestatten?

Das gesundheitliche Risiko, das Sie eingehen, wenn Sie sich sklavisch bemühen, immer dem statistischen Mittelwert zu entsprechen, ist erheblich größer, als wenn Sie zumindest ab und zu mal den fröhlichen Exzentriker geben und darauf pfeifen, was andere vielleicht denken *könnten*.

Der Norm passen sich allerdings nicht nur die Menschen an, die nicht unangenehm auffallen oder ihren Mitmenschen nicht zur Last fallen wollen. Oft operieren genauso diejenigen damit, denen ihre Mitmenschen oder gar der Fortbestand der Menschheit insgesamt völlig schnurz sind. Jeder hat seine eigenen Vorstellungen davon, was der Norm entspricht. Schon viele Eltern ahnen, dass nicht jede Anpassung in die von ihnen für richtig gehaltene Richtung führt. Klassisch ist der

Spruch: »Wenn der Jochen sagen würde, du sollst aus dem Fenster springen, würdest du das auch tun?«

Auch jemand, der auf die schiefe Bahn geraten ist oder zumindest etwas tut, von dem er ahnt, dass es nicht in Ordnung ist, versucht dies gern zu entschuldigen mit dem Spruch: »Andere tun es doch auch.« Selbst Waffenexporte werden damit scheinbar legitimiert: »Wenn wir es nicht tun, tun es andere.«

Nicht nur, wenn wir das Richtige tun wollen oder das, was wir dafür halten, bemühen wir also den Begriff der Norm. Sondern auch, wenn wir das Falsche tun. Vor allem im Straßenverkehr ist das häufig zu beobachten. Manchmal hat das die Ausmaße einer Epidemie. Weil immer mehr Fahrer darauf verzichten, beim Abbiegen den Blinker zu setzen, schließen sich diesem Verhalten auch immer mehr an. Weil sich so wenige an die Geschwindigkeitsbegrenzung halten, tun wir es auch nicht.

Andere tun es doch auch. Der Philosoph Immanuel Kant fängt wahrscheinlich langsam an, in seinem Grab zu rotieren.

Sein sogenannter *kategorischer Imperativ* besagt: *Handle so, dass die Maxime deines Willens jederzeit zugleich als Prinzip einer allgemeinen Gesetzgebung gelten könne.*

Anders ausgedrückt: Wenn du dir angewöhnst, keinen Blinker mehr zu setzen, weil ein paar Dödel es auch nicht tun, denke zumindest mal drüber nach, was geschehen würde, wenn niemand mehr einen Blinker setzt.

Ich persönlich hielte es für keine schlechte Idee, den kategorischen Imperativ über jedem Schuleingang einzumeißeln und ihn in jedem Schuljahr entsprechend dem jeweiligen Entwicklungsstand der Schüler erneut abzuhandeln.

Die Sozialwissenschaftler, die sich mit dem Bereich der Bildung von Normen befassen, unterscheiden, grob vereinfacht, das bloße Nachplappern von Normen (»Das macht man halt so«) von der Einsicht in die Notwendigkeit (»Es erleichtert unser Zusammenleben«). Letzteres werten sie als Zeichen von Intelligenz, Ersteres als – vorsichtig ausgedrückt – Zeichen von Abwesenheit derselben.

Wer immer wieder den Spruch »Andere tun es doch auch« benutzt, um damit zu rechtfertigen, warum er sich eben *nicht* an Normen hält, sollte sich vorher zumindest vergewissern, dass keine Sozialwissenschaftler in der Nähe sind, die ihn für einen Vollpfosten halten könnten.

So weit zum Thema, wie die Orientierung an der Norm nicht nur dazu führt, den Kontakt zu unserem Unbewussten zu erschweren, sondern wie sie uns auch gedanken- und rücksichtsloser machen kann.

Mitunter allerdings wird gerade das Nicht-normal-Sein als das Gesunde propagiert, da es eine Reaktion auf ungesunde Umstände darstelle. Häufig, wenn es irgendwo um psychische Erkrankungen geht, höre ich das Argument, eigentlich seien doch diese Menschen die eigentlich Gesunden, denn sie zeigten die unmenschlichen Bedingungen unserer Welt auf, sie seien eine Reaktion auf die Gleichgültigkeit ihrer Mitmenschen, die Bedingungen des kapitalistischen Produktionsprozesses oder was auch immer das jeweilige Lieblingsargument ist. Meist wird das noch garniert mit der Aussage, Psychotherapeuten seien die willigen Knechte dieser Zustände, die keine andere Aufgabe hätten, als diese eigentlich gesündesten Menschen auf Spur zu bringen, damit sie sich robotergleich wieder einfügten.

Dies ist meines Erachtens eine zynische Vereinnahmung all der Menschen, die psychisch tatsächlich leiden.

Wie kaltschnäuzig wäre es, körperlich erkrankten Menschen

zu erzählen, sie seien besonders gesund, da sie deutlich zeigten, wie inhuman die Lebensbedingungen in der modernen Zeit sind?

Natürlich gibt es schwer belastende Faktoren, die zu einer psychischen Erkrankung mit beitragen, und wir alle sind dazu aufgerufen, sie zu verändern. Es ist sicher kein Zufall, dass ein Großteil der Psychotherapeuten, die ich persönlich kenne, sich politisch engagiert oder dies im Laufe ihres Lebens getan hat.

Dennoch wäre es tatsächlich zynisch und würde unterlassener Hilfeleistung gleichkommen, davon auszugehen, eine allgemeine Verbesserung der Lebensbedingungen würde zum Verschwinden sämtlicher psychischer Erkrankungen führen. Dazu hat die Forschung in den vergangenen Jahrzehnten zu viele Belege dafür geliefert, dass es unsere ersten Lebensjahre sind, die zum großen Teil dafür maßgeblich sind, mit wie viel körperlicher und psychischer Widerstandsfähigkeit wir uns den Stürmen des Lebens stellen können. Inwieweit dieses glückt, hat natürlich auch damit zu tun, wie die Lebensbedingungen unserer Eltern aussahen, aber eben nicht nur.

Fassen wir an dieser Stelle noch einmal kurz zusammen, was wir bisher über unser Unbewusstes und seine Fähigkeiten wissen.

Da sind zum einen die Instinkte, die immer noch stark sind und die Dinge vermögen und unsere Lebensentscheidungen in einem Maß steuern, das uns nicht bewusst ist.

Des Weiteren haben wir die ungeheure Speicherungsfähigkeit unseres Gehirns, das Zugang auch zu den Daten hat, an die wir uns schon lange nicht mehr erinnern können, und das imstande ist, sie miteinander zu verknüpfen und uns auf diese Weise neue Lösungen anzubieten. Alles, was wir je wahrgenommen und erlebt haben, ist gespeichert, zumindest ab dem Zeitpunkt, zu dem unser Gedächtnis weit genug entwickelt ist, diese Aufgabe wahrzunehmen.

Dass dies tatsächlich der Fall ist, beweisen uns nicht nur die angeführten Beispiele. In *Treffen sich zwei Neurosen* habe ich in diesem Zusammenhang auf Menschen verwiesen, bei denen – durch Unfall oder Krankheit – die Sperre zerstört wurde, die verhindert, dass wir direkten Zugang zu diesen Daten haben. Diese Menschen können sich an alles erinnern, und das macht sie nicht wirklich froh. Seien wir dankbar dafür, dass bis auf eine Handvoll Unglücklicher der Rest von uns davon verschont bleibt, all das ununterbrochen vorgeführt zu bekommen, was wir abgespeichert haben.

Zuletzt sei die Fähigkeit unseres Gehirns erwähnt, über unsere Sinnesorgane Dinge wahrzunehmen und darauf zu reagieren, bevor oder sogar ohne dass wir sie bewusst wahrnehmen. Ebenso hält es engen Kontakt zu allem, was in unserem Körper geschieht. Dass wir diese Weisheit nicht immer erkennen, sondern sie oft auf tragische Weise fehlinterpretieren, haben wir im Abschnitt zum Thema Gewicht und Gesundheit gesehen.

Wir haben auch erfahren, dass es offenbar sehr viel gesünder ist, auf die Impulse unseres ganz individuellen, ganz einzigartigen Unbewussten zu hören, als uns gegen den Strich zu bürsten, indem wir krampfhaft versuchen, uns der (vermeintlichen) Mehrheit anzupassen.

Nachdem ich bis hierhin viel dafür getan habe, Ihnen die hilfreichen Fähigkeiten Ihres Unbewussten nahezubringen, sollten wir uns nun ansehen, wie es kommt, dass wir Menschen so unterschiedliche Entscheidungen treffen – mitunter eben auch solche, mit denen wir uns oder anderen schaden. Da wir davon ausgehen müssen, dass wir wenig bei dem mitzureden haben, was unser Unbewusstes uns als best-mögliche Lösung anbietet, ist es umso wichtiger zu verstehen, wie unser ganz persönliches inneres Archiv so geworden ist, wie es ist.

Die inneren Archive

Kurzschluss im Unbewussten

Bevor wir uns auf die Reise durch unser inneres Archiv machen, zunächst einige Beispiele, die noch nichts mit unserer individuellen Lebensgeschichte zu tun haben, sondern die uns alle betreffen. Sie zeigen auf, dass unser Unbewusstes auch einige Schwachstellen hat. Da gleicht unser inneres Archiv dem Internet. Nicht alles, worauf wir dort treffen, ist die blanke Wahrheit und taugt als Entscheidungsgrundlage. Manchmal erhalten wir auch falsche Informationen oder solche, die ungenügend bewiesen sind. Auch unser Unbewusstes macht solche Fehler.

Viele Menschen haben Angst vor dem Alter. Einige dieser Sorgen sind nicht unberechtigt, und unser Unbewusstes tut gut daran, uns auch einmal die Frage ins Bewusstsein zu schicken, ob wir denn im Alter wohl einigermaßen unbeschwert werden leben können. Hätten wir diese Gedanken nicht, würden wir uns nie darum kümmern, für die Zukunft vorzusorgen.

Bei einigen meiner Patienten tragen die Vorstellungen, wie ihr Alter aussehen wird, allerdings eher irrationale Züge und zeigen, dass sie mehr mit einer zugrunde liegenden Depression als mit der Realität zu tun haben, zumal wenn die Betreffenden wirtschaftlich eigentlich gut abgesichert sind.

Wenn ich diese Patienten frage, wie sie sich ihr Alter vorstellen und wovor sie sich konkret fürchten, bekomme ich beispielsweise Antworten wie: »Mir graust es davor, irgendwann mal im beigefarbenen Polyesterpullover dazusitzen und für die Enkel zu stricken.«

Dieses Bild hat unser Unbewusstes aufgrund seiner lebenslangen Erfahrungen mit dem Thema Alter zusammengebastelt. Auf den Begriff *alter Mensch* antwortet es mit all den Assoziationen, die es dazu gesammelt hat. Unser Archiv beinhaltet die Erfahrungen, die wir als Kind mit unseren Groß- und vielleicht auch Urgroßeltern zusammengetragen haben ebenso wie die aktuellen mit der alten Nachbarin, und es hat auch jeden Bericht gespeichert, den wir je im Fernsehen über Pflegeeinrichtungen für Senioren gesehen haben. All diese Daten stellt unser Unbewusstes bereit, wenn es um das Thema Alter geht. Allerdings sind sie in weiten Teilen nicht mehr aktuell. Seit der Zeit, als wir klein waren, hat sich die Welt gewaltig verändert. Was damals das Sinnbild einer späten Lebensphase war, ist es heute nicht mehr und wird es in der Zukunft noch viel weniger sein.

Viele Menschen über achtzig machen heute lieber Fernreisen, statt zu Hause am warmen Ofen zu sitzen und zu stricken. Wenn die Entwicklung so weitergeht, werden wir im gleichen Alter voraussichtlich noch fitter sein, und dann wird diese Lebensphase noch einmal völlig anders aussehen. Wir werden uns im Seniorenheim wohl eher darüber beklagen, dass Frau Meier von nebenan noch nach zehn Uhr abends die Stones so laut laufen hatte und darüber grinsen, dass der Duft, der unter Herrn Müllers Tür auf der anderen Seite hervorwabert, darauf hindeutet, dass er gerade wieder kifft. Und das sind lediglich die voraussichtlichen Perspektiven meiner Generation, die mittlerweile ebenfalls schon zu den Älteren gehört.

Bei den Jüngeren weicht das, was sie im Alter erwartet, noch mehr von den gespeicherten Bildern ab. Typisch dafür ist ein häufiges Argument gegen Tattoos, das besagt: *Aber überleg mal, wie das aussehen wird, wenn du achtzig bist.* *Na und?*, kann man da nur sagen. Denn diese Bedenken entspringen wohl der Vorstellung: *Oma mit Dauerwelle und beigem Polyesterpullover und mit Tattoo – das ist echt schräg!* Allerdings wird in fünfzig Jahren mindestens jeder vierte Achtzigjährige tätowiert sein, so viel steht jetzt schon fest. Es wird Normalität sein. Was allerdings Kleidung und Frisuren der dann Hochbetagten betrifft, versagt unsere Fantasie. Auch unsere Großeltern trugen als alte Menschen modernere Kleidung, als ihre Eltern sie als junge Menschen getragen hatten. Nicht auszuschließen also, dass die Achtzigjährigen im Jahre 2065 etwas tragen werden, das uns heute noch gar nicht vorstellbar ist. Ihre Pflegekräfte werden wohl allenfalls denken: *Och, guck mal, die Omi, was für ein süßes Tattoo. War schon eine lustige Mode damals.* Oder sie werden freundliche Pflegeroboter haben, deren Schaltkreisen das Thema völlig gleichgültig ist.

Was unsere Vorstellungen vom Alter betrifft, gilt also oft: Das Unbewusste irrt sich.

Weil es Zukunftsprognosen auf der Basis veralteten Datenmaterials erstellt.

Eine weitere Fehlerquelle sind falsche Voraussagen, die nicht auf der Basis veralteter, sondern auf der noch nicht ausreichend gesammelter Daten getroffen werden. Auch das folgende Beispiel hat wieder etwas mit Tattoos zu tun.

Neulich berichtete ein Sportreporter im Fernsehen über die vierundzwanzigjährige Verlobte eines Fußballstars, die stolz ihren Arm in die Kamera hielt. Darauf prangte das funkelnagelneue Tattoo mit dem Namen des Spielers. Der Reporter grinste, während er dies berichtete, musste aber nicht einmal ausführen, was daran so witzig war. Er konnte sich darauf verlassen, dass das Unbewusste der Zuschauer Erfahrungswerte zur Verfügung hat, die automatisch ergänzen: Durchschnittliche Haltbarkeit der Beziehungen von Fußballstars plus die Tatsache, dass die Entfernung von Tätowierungen selten überzeugende Ergebnisse liefert ist gleich: Auweia.

Auch hier sehen wir wieder: Selbst das schlaueste Unbewusste ist oft nicht so wahnsinnig gut darin, die Zukunft vorherzusagen.

Noch ein letztes Beispiel dafür, dass bei jedem von uns auch das Unbewusste seine Anfälligkeiten hat.

Dass unser Gehirn die einkommenden Daten nicht ordentlich in einem wohldurchdachten Ablagesystem verstaut, sondern ganz anders arbeitet, zeigt sich, wenn man mit sogenannten Gedächtniskünstlern spricht. Sie merken sich endlose Zahlenreihen nicht etwa durch Auswendiglernen. Stattdessen ordnen sie beispielsweise jeder Zahl einen Gegenstand zu und denken sich dann von Fall zu Fall kleine Geschichten aus, wie etwa: *Wenn die Vier ein Schrank ist, die Eins ein Apfel, die Acht ein Schirm, ist die Kombination Vier-Eins-Acht ein Schrank, in dem ein Apfel liegt, in dem wiederum ein Cocktailschirmchen steckt.* Es scheint unserem Gehirn also offensichtlich nicht darum zu gehen, die Daten möglichst stark zu komprimieren. Dadurch, dass es mit *Verknüpfungen* arbeitet, stellt es stattdessen überall Zusammenhänge her.

Auch dort, wo es keine gibt.

Vor vielen Jahren habe ich einmal einen Krimi gesehen, in dem es um einen irren Frauenmörder ging, dessen Opfer alle rote Halsketten trugen. Ich weiß nicht mehr, ob seine eine rote Kette tragende Mutter besonders bösartig war (das wäre der Klassiker) oder ob eine andere Frau mit einem solchen Schmuck ihm einmal Übles angetan hatte. Jedenfalls hatte sein Gehirn daraus gebastelt: Frauen, die rote Ketten tragen, sind schlecht.

Manche Menschen besitzen einen speziellen Prüfungspullover. Weil sie darin einmal eine Prüfung bestanden haben, tragen sie ihn jetzt zu jeder Prüfung in der Annahme, er habe etwas mit dem Bestehen der Prüfung zu tun, er sei also eine Art Glückspullover. Sie müssen erst durchfallen, damit diese Verknüpfung – die natürlich komplett unsinnig ist – an Bedeutung verliert. Was Jogi Löw betrifft, ist damit die Wahrscheinlichkeit, dass wir ihn bei der nächsten WM wieder im altbekannten Pullover sehen, folglich recht hoch.

Hirnforscher halten eine überwältigende Fülle von Beispielen dafür bereit, wie leicht diese Verknüpfungen uns in die Irre führen können und wie manipulierbar sie uns machen. So haben sie nachweisen können, dass wir einen Menschen als wärmer beurteilen, wenn wir ihm bei einem heißen Getränk gegenübersitzen, und als kühler, wenn in unserem Drink die Eiswürfel klirren. Es könnte sich demnach als günstiger herausstellen, jemanden beim ersten Date in ein Café einzuladen und nicht in eine Cocktailbar. Obwohl Alkohol natürlich andererseits das Urteilsvermögen ...

Werbefilmer arbeiten pausenlos mit dem Effekt, dass wir Dinge miteinander verknüpfen, die nichts miteinander zu tun haben. Sie zeigen uns traumhafte Landschaften, Menschen, die Spaß miteinander haben, oder sie bringen uns zum Lachen. Und verlassen sich darauf, dass unser Gehirn angenehme Gefühle mit einem Produkt verknüpft, von dem wir normalerweise nie geglaubt hätten, dass die Welt es braucht.

Auch wenn Senioren sich normalerweise jünger fühlen, als es ihrem biologischen Alter entspricht – lässt man sie einen Gedächtnistest lösen, erhöht sich ihr gefühltes Alter plötzlich um durchschnittlich fünf Jahre. Man geht davon aus, dass in diesem Moment ihr Unbewusstes ungebetenerweise die Information liefert, die Anstrengung, die mit der Aufgabe verbunden ist, hänge bestimmt damit zusammen, dass bei Älteren die Gedächtnisleistung nachlasse.

Auch ich fühlte mich vor einigen Tagen plötzlich sehr alt, als ich bei einem ambitionierten Fernsehkrimi plötzlich nicht einmal mehr die Hälfte des Dialogs mitbekam. Ich dachte schon daran, demnächst einen Hörtest machen zu lassen. So felsenfest war mein Unbewusstes davon überzeugt, mit der Verknüpfung *Du hörst schlecht, du bist eben nicht mehr die Jüngste* richtig zu liegen. Mein gefühltes Alter verringerte sich allerdings schlagartig, als ich im Internet sah, dass praktisch jeder Zuschauer, gleich welchen Alters, sich über den vernuschelten Ton des Films beklagte.

Stehen unserem Gehirn mehrere gespeicherte Informationen zur Verfügung, versorgt es uns mit der, die es für die wahrscheinlichste hält. Die Tatsache, dass bei älteren Menschen das Gehör meist nicht mehr so gut funktioniert, haben wir nun mal sehr viel häufiger gehört, erlebt und gespeichert als die, dass künstlerischer Anspruch bei Fernsehproduktionen mitunter zu Lasten der Verständlichkeit geht.

Zum Glück klappt das mit den völlig unsinnigen Verknüpfungen nicht immer. Wir werden bei der nächsten Wahl nicht unbedingt dem Kandidaten unsere Stimme geben, der uns einen Kugelschreiber oder unserem Kind einen Luftballon geschenkt hat – aber möglicherweise nur deshalb, weil wir mit seiner Partei eine Unmenge an Dingen verknüpfen, die uns nicht übermäßig zusagen. Ansonsten sind wir oft leicht beeinflussbar, eben gerade, weil wir darauf geeicht sind, schon kleinste Informationen wahrzunehmen, unbewusst zu verknüpfen und zur Basis von Entscheidungen zu machen.

Übrigens können wir diese Verknüpfungsgeschichte auch zu unserem Vorteil nutzen. Selbst wenn man sich von der Idee verabschiedet hat, in uns hause ein finsterer Teil namens Schweinehund, könnte man es trotzdem für eine gute Idee halten, mit dem Rauchen aufzuhören und mit dem Laufen anzufangen. Ich kenne Menschen, die – zumindest für einige Zeit – das Kaffeetrinken aufgegeben und stattdessen mit dem Teetrinken angefangen haben, nur aus einem Grund: Das Tässchen Kaffee und die Zigarette waren in ihrem Unbewussten so bombenfest miteinander verknüpft, dass allein der Anblick des Kaffeebechers die Rückfallgefahr akut erhöhte.

Andererseits raten Fachleuten denen, die nach dem Frühstück gern eine Runde joggen gehen wollen, deren Unbewusstes aber partout meint, drinnen sei es viel gemütlicher, bereits vor dem Frühstück die Laufschuhe anzuziehen. Da brauchen wir anschließend gar nicht mehr mühsam die Entscheidung zu treffen, ob wir tatsächlich auch bei niedrigen Temperaturen rausgehen wollen oder nicht. Unser Unbewusstes macht es uns leicht, indem es der sturen Verknüpfung folgt, die uns erzählt: *Hausschuhe sind für drinnen, Laufschuhe für draußen. Also geh ich jetzt mal raus.*

Machen wir uns nun also auf zu einem Spaziergang durch Ihr Unbewusstes. Wir werden uns vor allem anschauen, wie bei Ihnen ganz persönlich das entstanden ist, was sich noch heute bemüht, Sie möglichst gut durchs Leben zu bringen.

Das Licht geht an

Schon immer hat die Frage, was den Menschen zu dem macht, was er ist, nicht nur die Gelehrten beschäftigt. Es gibt eine berühmte Geschichte, die Kaiser Friedrich II. zugeschrieben wurde. Man erzählte sich, er habe herausfinden wollen, ob es eine Art »Ursprache« des Menschen gibt. Er habe verwaiste Säuglinge von Ammen versorgen lassen, die den Auftrag hatten, sich um alle körperlichen Bedürfnisse der Kinder zu kümmern. Jedoch sei ihnen verboten worden, mit den Kindern zu schmusen, zu spielen und, natürlich, mit ihnen zu sprechen. Die Säuglinge seien, so das Ergebnis der Geschichte, allesamt gestorben.

Historiker halten die Sache inzwischen für reine Propaganda von Feinden des Hohenstaufenkaisers. Dennoch geistert sie nach wie vor durch die Literatur und beweist, dass schon unsere Altvorderen ahnten: Es tut Kindern nicht gut, wenn man sich nicht ausreichend mit ihnen befasst.

Offenbar haben bereits Säuglinge gewisse Grundbedürfnisse, die über die nach elementarer Versorgung hinausgehen. Es reicht eben nicht aus, bei ihnen oben Nahrung einzufüllen und diese dann weiter unten wieder zu entsorgen, sie zu waschen, zu kleiden und möglichst vor Schmerzen zu bewahren.

Dies ist kein Erziehungsratgeber, selbst wenn vielleicht nebenbei ein paar nützliche Anregungen für den Umgang mit dem Nachwuchs abfallen.

Auch wenn es im Folgenden um die erste Zeit unseres Lebens geht, sollten Sie diesen Teil nicht überblättern, nur weil Kinder für Sie zurzeit kein Thema sind, oder weil Sie vielleicht noch zu der Sorte Mann gehören, die automatisch weiterblättert, wenn Kleinkinder auftauchen.

Hier geht es nicht um Kinder, weder um Ihre noch um die anderer Leute. Hier geht es um *Sie*. Und darum, wie das in Ihren Kopf gekommen ist, was heute die Entscheidungen trifft, die Sie für Ihre halten.

Auf die erste Zeit unseres Lebens konzentriere ich mich, weil sie eine so riesengroße Rolle spielt, auch wenn sie nicht die einzig ausschlaggebende für unsere Entwicklung ist.

Wir alle haben schon davon gehört, dass Psychologen und Pädagogen diesem Lebensabschnitt große Bedeutung beimessen. Aber die wenigsten wissen, warum genau das so ist und was in dieser Phase in unseren Gehirnen geschieht. So wenig das Wissen von der Macht unseres Unbewussten verbreitet ist, so wenig ist es das Wissen um die Wichtigkeit unserer ersten Lebensjahre. Dabei hängt beides ganz eng zusammen.

Mittlerweile weiß man, dass ein wichtiger Teil dessen, was unsere Persönlichkeit prägt, bereits zu einer Zeit stattfindet, an die sich *niemand* von uns erinnern kann: in den ersten eineinhalb Jahren unseres Lebens. In dieser Zeit finden entscheidende Entwicklungen unseres Gehirns statt. Sie laufen nicht automatisch ab, in dem Sinne, dass man nur abwarten müsste, bis sich bei allen Kindern das gleiche Ergebnis zeigt.

Vielmehr hat das, was wir in dieser Zeit erleben, erheblichen Einfluss darauf, wie bestimmte Gehirnregionen reifen und ob wir auch als Erwachsene eher zum Ausstoß von Glücks- oder von Stresshormonen neigen.

Selbst was noch vor unserer Geburt geschieht, prägt uns. Das ist nichts Mystisches, nichts Esoterisches – es sind knallharte medizinische Fakten.

Schauen wir uns also an, was es in *Ihren* ersten Jahren zu lernen gab, über Sie und über die Welt.

Stellen Sie sich vor, Sie befinden sich in der allererersten Phase Ihres Lebens.

Auch wenn Ihr Gehirn noch im Bau ist und noch jede Menge zu lernen hat, funktioniert es doch schon sehr, sehr ordentlich. Das tut es bereits seit Monaten. Schon im Mutterleib konnten Sie die Stimme Ihrer Mutter von der anderer Menschen unterscheiden. Wenn jemand zu Besuch kam, konnten Sie sogar wahrnehmen, ob er die gleiche Sprache wie Ihre Mutter spricht oder aus einem anderen Land kommt, und Sie haben unterschiedlich darauf reagiert. Sie haben noch kein Wort verstanden, geschweige denn kannten Sie die einfachsten Grammatikregeln. Aber dass es sich anders anhört, ob die Tante aus Regensburg zu Besuch ist oder die aus Paris – das haben Sie schon gemerkt.

Schon wenige Tage nach der Geburt schreien französische Babys ein klein wenig anders als deutsche. Sie tun das, weil sie bereits im Mutterleib gemerkt haben, wenn Menschen sich unterhielten: Franzosen haben eine andere Sprachmelodie als Deutsche. Auch eine Art, Kontakt aufzunehmen, indem man sich schon ab dem ersten Schrei auf die Sprache derer einstellt, auf die man angewiesen sein wird.

Jetzt sind Sie auf der Welt und mehr als bereit, alles zu lernen, was es zu lernen gibt. Noch vor zwanzig Jahren glaubten die Hirnforscher, die Strukturen Ihres Gehirns seien genetisch festgelegt, entsprächen also dem, was Ihre Eltern Ihnen mitgegeben haben. Mittlerweile weiß man, dass das nicht stimmt. Was in den ersten Lebensjahren geschieht, entscheidet darüber, ob bestimmte Hirnregionen wachsen oder verkümmern, je nachdem, welche Erfahrungen Sie in dieser Zeit machen werden.

Dennoch schauen nahezu alle Patienten, die ich frage, was sie über diese ersten Jahre wissen, mich erstaunt an und antworten erwartungsgemäß, daran könnten sie sich nicht erinnern.

Natürlich können sie das nicht, denn ihre Gedächtnisfunktionen waren noch nicht ausgereift. Wenn ich weiterfrage, was man ihnen über diese Zeit erzählt hat, reagieren sie oft irritiert, und es wird deutlich, dass sie davon ausgehen: *Woran ich mich nicht erinnern kann, kann auch keine Bedeutung für mich haben.*

Lange Zeit glaubten das auch die Wissenschaftler. Offenbar ging man irgendwie davon aus, die Zeit, die für unser Gedächtnis unzugänglich ist, könne *so* wichtig für unsere Entwicklung nicht sein.

Im Prinzip handelt es sich dabei um den gleichen Denkfehler, den bekanntlich auch Herr Descartes mit seinem *Ich denke, also bin ich* machte. *Ich erinnere mich, also bin ich* entstammt der gleichen Annahme, nämlich der, dass nur das uns ausmacht, was unserem bewussten Denken zugänglich ist.

Allerdings dauert es einige Zeit, bis wir so weit sind, überhaupt bewusst denken zu können.

Ihr Ich, also Ihr Bewusstsein von sich selbst, entsteht so ungefähr zu der Zeit, wenn Sie zum ersten Mal in den Spiegel schauen und sich erkennen. Das ist mit etwa zwei Jahren der Fall. Bei Affen funktioniert das ebenfalls, und man kann es auf die gleiche Weise testen wie bei einem kleinen Kind. Man malt dem Kind einen Punkt auf die Stirn und stellt es vor einen Spiegel. Solange es noch auf dem Spiegel herumwischt, um den Fleck zu entfernen, ist es noch nicht so weit mit dem Ich. Erst wenn es anfängt, beim Blick in den Spiegel an die eigene Stirn zu fassen, ist diese Art von »Selbsterkenntnis« entstanden. Bei Delfinen und Elefanten gibt es das übrigens auch. Irgendwann schauen sie in einen Spiegel (zumindest, wenn sie in einer Umgebung leben, wo es einen gibt) und denken nicht: »Schickes Tier, ich nehm mal Kontakt mit ihm auf«, sondern sie denken: »Ui, das bin ja ICH!«

Zu dem Zeitpunkt, an dem Sie anfangen, sich als Person wahrzunehmen und über sich nachzudenken, ist allerdings, was Ihre Persönlichkeitsentwicklung betrifft, schon eine Menge gelaufen. Ebenso, wie vielen Menschen die Vorstellung unbehaglich ist, dass unser bewusstes Denken nur einen Miniteil von uns ausmacht, reagieren viele ausgesprochen abwehrend auf die Tatsache, dass das, was in unseren allerersten Lebensjahren geschah, uns weitgehend formt. Auch hier hat beides wohl die gleiche Ursache: Wir kommen uns damit ziemlich machtlos vor.

Denn damit sind wir schon wieder mitten in der Diskussion um den freien Willen. Dass wir alles Mögliche, was uns ausmacht, von unseren Eltern geerbt haben sollen und dass sich mitunter auch Eigenschaften eines Verwandten aus früheren Generationen dazwischenmogeln – das ist für manche schon schwer genug zu schlucken. Vor allem für die, die glauben, sie könnten bewusst beschließen, alles völlig anders zu machen als ihre Eltern. Aber dass eine riesengroße Rolle spielen soll, was in unser Unbewusstes zu einer Zeit gelangt ist, als wir einerseits extrem lernfähig waren, andererseits aber noch völlig hilflos und komplett auf andere angewiesen – das bereitet vielen Menschen Unbehagen. Die meisten leben recht gut ohne das Wissen, was es mit ihrem Unbewussten auf sich hat. Die meisten leben auch recht gut damit, den ersten Lebensjahren nicht allzu viel Bedeutung beizumessen. Die Vorstellung, dass in der Zeit auch einiges schieflaufen kann, ist vielleicht nicht gerade angenehm, vor allem, wenn man es aus der Perspektive der Eltern betrachtet.

Tatsächlich gehen viele Menschen davon aus, das richtige Elternverhalten sei etwas, das unsere Spezies quasi auf den Genen hat. Es gibt sie ja wirklich, zum Glück auch nicht zu knapp: die Eltern, die ihre Kinder lieben, unterstützen und später auch gehen lassen können, die richtige Erziehungsentscheidungen mit traumwandlerischer Sicherheit treffen, ohne auch nur ein einziges Mal ein einschlägiges Buch oder eine Erziehungsberatungsstelle benötigt zu haben. Das sind die Eltern, die scheinbar instinktiv alles richtig machen.

Das, was gute Eltern ausmacht, hat tatsächlich viel mit dem Teil von uns zu tun, der ganz im Verborgenen wirkt. Allerdings weniger mit Instinkt als mit Erlerntem, wie wir noch sehen werden.

Sie sind also bereits seit zwei Jahren auf der Welt, wenn Sie zum ersten Mal begreifen: Ich bin ICH.

Warum eigentlich kommen wir so unreif und abhängig auf die Welt? Schließlich gibt es eine Menge Tierarten, die entweder sofort selbstständig sind oder bei denen dieser Prozess, gemessen an ihrer Lebensdauer, sehr viel flotter voranschreitet als bei uns.

Vielleicht sind wir Menschen ja eine Art Fehlkonstruktion, einfach zu früh ausgeliefert?

Dass kleine Kinder ungeheuer schnell lernen, weiß man schon lange. Zwar kann man sich mit dem durchschnittlichen Vierjährigen noch nicht wirklich gut über die Relativitätstheorie unterhalten, aber das trifft schließlich auch auf die meisten Erwachsenen zu, mich eingeschlossen. Abgesehen davon hat ein Kind in den ersten Lebensjahren sehr viel mehr gelernt, als es je wieder lernen wird, einschließlich der akzentfreien Beherrschung einer Sprache.

Dennoch war das Babyhirn – ebenso wie das Hirn Erwachsener – für die Forscher lange Zeit so etwas wie eine noch nicht aufgefundene Blackbox. Erst vor etwa zwanzig Jahren haben wir sie entdeckt, als die sogenannten bildgebenden Verfahren so weit entwickelt waren, dass wir das menschliche Gehirn etwas genauer betrachten konnten.

Schon bei Ihrer Geburt besitzen Sie die gleiche Anzahl von Nervenzellen im Gehirn wie ein Erwachsener. Deren schiere Anzahl nützt Ihnen allerdings noch nicht viel. Wichtig ist das, was nun passiert. Diese Zellen sind nämlich eifrig damit beschäftigt, das zu tun, was sie ein Leben lang tun werden: Sie bilden Verbindungen zu anderen Hirnzellen. Jede einzelne von ihnen kann bis zu zehntausend Verbindungen mit anderen eingehen und ist über höchstens zwei Stationen mit jeder anderen Hirnzelle verbunden. So entstehen später die überraschenden Ideen, die das Unbewusste Ihnen serviert.

In Ihren ersten drei Lebensjahren vermehren sich diese Verknüpfungen explosionsartig und erreichen bereits in Ihrem neunten Lebensmonat ihren Höhepunkt. Forscher vergleichen das, was in dieser Zeit geschieht, mit einer Stadt, in der der Strom ausgefallen war und in der nun, Stadtteil für

Stadtteil, Hirnregion für Hirnregion, die Lichter angehen. Besonders schnell reifen jetzt die Bereiche, die für die Verarbeitung von Gefühlen im Allgemeinen und Stress im Besonderen zuständig sind. Das macht auch begreifbar, warum es gute Gründe dafür gibt, dass wir so unfertig ausgeliefert werden.

Wir sind soziale Wesen, die in Gemeinschaften leben. Die wichtigsten Dinge im Leben können wir nur im Kontakt mit anderen lernen. Sprache ist nur eines davon. Die allerwichtigsten lernen wir jedoch zu der Zeit, in der unser Langzeitgedächtnis noch gar nicht geöffnet hat.

Bisher haben wir uns überwiegend mit dem befasst, was die Hirnforscher in den letzten Jahrzehnten herausgefunden haben. Wenn es darum geht, dass wir nur im Kontakt alles über uns und über die anderen lernen können, kommt eine weitere Gruppe ins Spiel: die *Bindungsforscher*. Sie beschäftigen sich damit, wie unser *Bindungsverhalten* sich in den ersten Lebensjahren entwickelt, also unsere Beziehung zu den Menschen, die als Erste in unserem Leben eine Rolle spielen. Zumindest was den Inhalt unserer inneren Archive betrifft, werden diese Menschen auch immer die wichtigsten für uns bleiben.

In dem Maß, in dem die Bindungsforscher Daten gesammelt haben, können sie mittlerweile auch Vorhersagen darüber treffen, wie das, was in den ersten Lebensjahren in unser Gehirn gerät und dort Verknüpfungen bildet, unsere weitere Entwicklung und unsere Persönlichkeit prägt, unser Verhältnis zu uns selbst, zu anderen und zur Welt im Allgemeinen.

Der erste Grund, unserer allerersten Lebenszeit eine so große Bedeutung einzuräumen, ist die Tatsache, dass wir in dieser Phase die meisten Verknüpfungen im Gehirn bilden.

Der zweite Grund ist, dass wir dies im Kontakt mit unserer wichtigsten Bindungsperson tun.

Schauen wir uns also an, was es mit dieser Bindungssache ab Stunde null auf sich hat.

Sie können atmen, Sie können schlucken, Ihre Verdauung funktioniert, Sie haben eine überaus kräftige Stimme. Viel mehr ist noch nicht drin. Ihre Gliedmaßen bewegen sich zwar, aber noch machen die, was sie wollen. Wenn man Ihnen einen Finger hinhält, klammern Sie sich daran fest, weil es für unsere Großeltern mit den vielen Urs vor dem Namen überlebensnotwendig war, dass sie sich an Mamas Fell festgeklammert haben. Aber gezielt greifen werden Sie noch eine ganze Zeit lang nicht können. Mit anderen Worten: Sie werden noch sehr lange auf andere angewiesen sein.

Hilfreich in diesem Zusammenhang ist ein Instinkt, der so grundlegend ist wie das Bedürfnis nach Nahrung. Es ist der Wunsch nach *Bindung*.

Ohne Bindung können die meisten Säugetiere nicht überleben. Also tun Sie ab jetzt alles dafür, eine *sichere Bindung* herzustellen, wie die Bindungsforscher es nennen. Sie beginnen zu lächeln und finden es klasse, wenn es Ihnen gelingt, die Aufmerksamkeit Ihrer Hauptbezugsperson auf sich zu ziehen.

Denn Ihr Unbewusstes weiß instinktiv: *Wenn es mir nicht gelingt, diese Bindung zu festigen, sieht es schlecht für mich aus. Wenn ich für diese Person nicht so wichtig bin, dass sie sich um mich kümmert, kann das für mich lebensbedrohlich werden.*

Zwei Drittel der Weltbevölkerung werden auch nach der Geburt von ihren Müttern noch ständig herumgetragen. Genauso viel Sicherheit gibt es uns, gehalten zu werden und später auf dem Schoß derer sitzen zu können, die uns am wichtigsten sind. Wir lernen, wie schön es ist, einem anderen Menschen nah zu sein, lernen Kontakt aufzunehmen und andere für uns zu gewinnen.

In Ihren ersten sechs Wochen geht es erst mal nur ums reine Überleben. Da ist es Ihnen noch relativ gleichgültig, wer Sie versorgt – Hauptsache, jemand ist da, kümmert sich um Sie und versteht, was Sie brauchen. Das können sogar wechselnde Personen sein. Danach fangen Sie allerdings an, wählerisch zu werden. Im ersten Lebensjahr überfordert es Sie, wenn sich mehr als zwei Personen um Sie kümmern. Wenn Sie älter sind, können Sie sich allmählich auf bis zu vier Personen einlassen, wenn man Ihnen genug Zeit gibt, sie kennenzulernen. Dabei werden Sie allerdings eindeutige Favoriten haben, je nachdem, wer am zuverlässigsten für Sie da ist und es am besten versteht, Ihre Äußerungen zu deuten. Nennen wir Ihre Hauptbezugsperson der Einfachheit halber Mutter, weil es am wahrscheinlichsten ist, dass sie diejenige welche ist. Selbstverständlich kann auch ein Vater oder eine andere Person diesen Job hervorragend ausüben.

Die ersten Bindungsforscher waren noch der Meinung, die Anwesenheit der Mutter in den ersten drei Lebensjahren sei wichtig für eine sichere Bindung.

Mittlerweile weiß man, dass das so nicht stimmt. Zwar ist es nicht ganz so wie in dem bekannten afrikanischen Sprichwort, wonach es ein ganzes Dorf braucht, um ein Kind zu erziehen. Aber ein bisschen in die Richtung geht es schon. Die Forscher weisen darauf hin, dass auch bei anderen Säugetierarten meist nicht nur das Muttertier für den Nachwuchs verantwortlich ist, sondern dass es sich bei dieser Aufgabe mit anderen Tieren abwechselt, und wir wissen, dass es auch bei Storchenpaaren und in Pinguinkolonien nicht anders aussieht.

In einer 2013 veröffentlichten Studie hatte ein Forscherteam mehr als 75 000 norwegische Kinder daraufhin untersucht, ob die Betreuung in einer Kindertagesstätte ihnen schade. Es erwies sich: Nicht die Tatsache, ob oder wie lange ein Kind fremdbetreut wird, ist ausschlaggebend dafür, ob es ihm gut geht oder ob es Probleme entwickelt, sondern ausschließlich die familiäre Situation. Mit anderen Worten: Wichtig ist vor allem, dass es mit einem Familienmitglied, sei es nun Mama oder Papa, die Erfahrung gemacht hat, dass man sich auf Menschen verlassen kann.

Was die Entwicklung Ihrer Persönlichkeit betrifft, ist für Sie in den kommenden eineinhalb Jahren das Wichtigste: *Bin ich in Sicherheit? Ist die Welt ein schöner Ort? Habe ich darin einen Platz?*
Wenn also Ihr Strahlen vom Strahlen Ihrer Mutter beantwortet wird, und zwar dann, wenn *Sie* strahlen, nicht nur dann, wenn Ihre Mutter ausnahmsweise mal gut drauf ist, lernen Sie, dass es etwas bringt, freundlichen Kontakt aufzunehmen. Psychologen nennen das *Spiegelung*. Wenn Sie vor einem Spiegel stehen und sich bewegen, tut Ihr Gegenüber das Gleiche. Für ein sehr kleines Kind ist es überaus wichtig, gespiegelt zu werden. Weil es dann spürt, dass die Bindung geglückt ist und dass es somit keine Angst haben muss, verlassen zu werden und zu sterben.

Jedes einzelne dieser Erlebnisse findet Eingang in Ihr inneres Archiv, das sich mit Erfahrungen von Lachen, Trost und Verlässlichkeit füllt. Sie erwerben *Urvertrauen* und wissen, dass Sie sich auf Ihre Bezugsperson verlassen können. Wenn etwas Unvorhergesehenes passiert, schauen Sie ins

Gesicht Ihrer Mutter, um einschätzen zu können, was da gerade vor sich geht.

Auch sonst benennt Ihre Mutter die Gefühle, die Sie gerade haben, oder imitiert sie, solange Sie noch nicht sprechen können.

So lernen Sie mit der Zeit, Gefühlen einen Namen zu geben, und später, wenn Sie erwachsen sind, auch über sie zu reden. Das hilft, mit ihnen umgehen zu können und nicht von ihnen überwältigt zu werden.

Wenn das gut gelaufen ist, haben Sie bereits mit etwa drei Jahren gelernt, Gefühle zu erkennen, zu bewerten und mit ihnen umzugehen.

So einigermaßen jedenfalls. Mit vier Jahren sollten Sie es dann auch einigermaßen draufhaben, damit klarzukommen, dass nicht jeder Ihrer Wünsche erfüllt wird. Was auch bedeutet, dass Ihre Eltern Ihnen beibringen müssen, dass Sie bei Minusgraden nicht in Ihren Lieblingssandalen in den Kindergarten gehen dürfen.

Öffentliche Verkehrsmittel sind immer eine gute Gelegenheit, Menschen zu beobachten. Nicht, dass das in der Freizeit mein Lieblingshobby wäre, aber manchmal kriegt man eben mit, was um einen herum vorgeht, da geht es den Psychotherapeuten nicht anders als anderen Menschen. Hier zwei kurze Szenen, die zeigen, wie unterschiedlich frühe Lernerfahrungen für Kinder sein können. Auch dieses Mal betrachten wir das Ganze wieder aus der Position des Kindes.

Szene 1: Sie sitzen mit Ihrer Mutter in der Straßenbahn. Jedes Mal, wenn die Computerstimme eine Haltestelle ansagt, versuchen Sie, das zu wiederholen. So gut Sie es eben können. »Baho!«, sagen Sie beispielsweise. Ihre Mutter wiederholt: »Bahnhof« und erklärt: »Ja, da fahren die Leute mit dem Zug weg«. Sie haben keine Ahnung, was sie Ihnen da erzählt. Sie haben noch keine Vorstellung davon, wie ein Zug aussieht und was eine Bahnreise ist. Aber Sie verstehen: *Was ich sage, ist wichtig, die Welt ist spannend und es gibt jede Menge zu entdecken.*

Szene 2: Sie sind etwa ein halbes Jahr alt, vielleicht auch etwas älter. Sie sitzen im Buggy, neben Ihnen steht Ihre Mama. Das finden Sie super. Mama ist wichtig. Das Wichtigste überhaupt in Ihrem Leben. Sie strecken die Ärmchen nach ihr aus, plappern, krähen und fordern mit all Ihren Möglichkeiten: *Hier! Ich bin da! Nimm mich wahr!*

Wahrgenommen zu werden beruhigt Sie, denn es zeigt Ihnen, dass Sie jemandem wichtig genug sind, dass er gut für Sie sorgen wird. Auf der gesamten Strecke schenkt Ihre Mutter Ihnen nicht einen einzigen Blick. Stattdessen schaut sie gelangweilt aus dem Fenster, während sie mit ihrem Smartphone spielt. Das tut sie nicht nur jetzt, sondern eigentlich ständig. Sie verhält sich wie eine Fremde, und zwar wie eine, die Kinder ausgesprochen nervig findet. Zumindest wie eine, die Ihre Sprache nicht versteht. Auch sonst begreift sie oft nicht, was Sie von ihr wollen, ob Sie jetzt eher Ruhe oder eher Anregung brauchen. Was glauben Sie, wie lange Sie es durchhalten, mit Ihrem natürlichen Bedürfnis nach Bindung immer wieder ins Leere zu laufen? Die Bindungsforschung sagt ganz klar: Nicht einmal ein Jahr halten Sie das durch. Spätestens dann zeigen Sie Verhaltensweisen, die zeigen, dass Sie Ihre Lektion gelernt haben, und die heißt: Es hat keinen Sinn, vertrauensvoll und offen auf andere zuzugehen.

Wenn wir also mit einem bestimmten Verhalten selten oder nie Erfolg haben, lernen wir schon früh, es bleiben zu lassen.

An dieser Stelle eine wichtige Durchsage: Es gibt eine gute und eine schlechte Nachricht.

Entspannen Sie sich, wenn Sie selbst Kinder haben. Der überwiegende Teil aller Eltern erledigt seine Aufgabe absolut zufriedenstellend, und ich wage dreist zu behaupten, dass es unter den Menschen, die sich für Bücher wie dieses interessieren, noch ein paar Prozent mehr sind. Denn mit ziemlicher Sicherheit handelt es sich um Menschen, die nicht sagen: *Passt schon, haben wir schon immer so gemacht, machen wir auch weiter so,* sondern um solche, die sich ihre Neugier auf die Welt bewahrt haben und die bereit sind, zu lernen und auch etwas infrage zu stellen, das für sie bisher Fakt war.

Sollten Sie sich also Sorgen machen, ob Sie mit Ihren Kindern alles richtig gemacht haben, lautet die Antwort: *Nein, und das ist auch gut so.* Niemand von uns ist in dem, was er tut, perfekt. Kein Mensch erwartet von Ihnen, die Übermutter oder der Übervater zu sein. Keiner von uns ist der perfekte Partner, und doch gelingt es einem Großteil der Menschen, gute und funktionierende Partnerschaften zu führen. Mehr verlangt auch kein Mensch von Eltern. Psychologen und Psychotherapeuten schon gar nicht.

Die schlechte Nachricht lautet:

Zwischen 9 und 16 Prozent der Kinder und Jugendlichen in Europa leiden unter ernsthaften psychischen Problemen. Wenn wir uns dafür interessieren, was bei ihnen schiefgelaufen ist und wie wir es verhindern können, kommen wir nicht daran vorbei, uns genauer anzuschauen, was in den ersten Lebensjahren geschehen muss, damit ein Kind gedeiht, aber auch, was ihm schon früh schadet und es auf einen falschen Lebensweg schickt. Auch hier ist beim Großteil der Eltern Panik fehl am Platze. Ein Kind muss wirklich massiv beeinträchtigende Erfahrungen machen, um auf diesen falschen Weg zu kommen. Andererseits werde ich Ihnen zeigen, dass oft winzig kleine Eingriffe ungeheuer viel bewirken können, um die Weichen in Richtung Glück und Gesundheit anders zu stellen.

Wie entsteht, was uns leitet

Kehren wir zurück in Ihr Gehirn, zu der Zeit, als Sie noch ein Baby waren.

Je häufiger Sie die Erfahrung machen, wichtig zu sein, umso wichtiger werden Sie selbst sich später einmal sein. Nicht in dem Sinn, dass Sie sich für etwas Besseres halten. Das wäre eher ein Zeichen dafür, dass etwas schiefgelaufen ist. Übertriebener Egoismus schadet. Das zeigt sich auch daran, dass besonders selbstbezogene Menschen – da ist er wieder – über einen hohen Cortisolspiegel verfügen, was bekanntlich nicht besonders gesund ist.

Da können wir noch so viel herumphilosophieren, was wünschenswerte oder weniger wünschenswerte Eigenschaften sind und wie viel Egoismus man in unserer heutigen Leistungsgesellschaft braucht, um durchzukommen – unser Unbewusstes interessiert sich nicht für Moden, weder was die Kleidergröße noch was den vorherrschenden gesellschaftlichen Trend betrifft. Auch hier hat es wieder seinen ganz eigenen Kopf und richtet sich stur danach aus, was uns körperlich gesund erhält. Zu viel Selbstbezogenheit ist es jedenfalls nicht.

Wer also glaubt, Ihnen einen Gefallen zu tun, indem er Sie möglichst früh auf den harten Konkurrenzkampf im Leben vorbereitet, irrt. Es geht lediglich darum, dass Sie lernen, später einmal so gut und liebevoll für sich selbst sorgen zu können, wie einst für Sie gesorgt worden ist, und sich die gleiche Wertschätzung zukommen zu lassen wie anderen. Nicht mehr und nicht weniger.

Zurzeit experimentieren Sozialpsychologen damit, wie Menschen, die zu wenig Wertschätzung erfahren haben, schon mit winzigen (sogenannten »weisen«) Interventionen geholfen werden kann.

Afroamerikanische Kinder in den USA leisten in der Schule oft einfach deshalb weniger, weil sie sich nicht wirklich zugehörig fühlen. Vor einem mit Siebtklässlern durchgeführten Versuch betrug ihr Leistungsdefizit den weißen Mitschülern gegenüber immerhin 40 Prozent. Zu Beginn des Schuljahres sollte eine Hälfte von ihnen in einer Viertelstunde schlicht und einfach zu Papier bringen, was sie an sich mögen und was sie besonders gut können. Die andere Hälfte schrieb über etwas Belangloseres. Allein diese kleine Aufgabe führte dazu, dass die erste Gruppe nach einem halben Jahr ihr Defizit aufgeholt hatte. Je schlechter die Schüler vorher gewesen waren, desto mehr Nutzen zogen sie aus der Übung.

Falls Sie jetzt anfangen zu grübeln, welche anderen Effekte dabei eine Rolle gespielt haben können: Lassen Sie's. Wenn jemand gelernt hat, Untersuchungen so aufzubauen, dass genau das gemessen wird, was gemessen werden soll, sind es Psychologen. Durchs gesamte Studium hindurch werden wir damit getriezt, eben weil menschliche Eigenschaften zu untersuchen erheblich vertrackter ist als das Keimverhalten von Weizenkörnern auf feuchtem Küchenpapier.

Schon kleine Veränderungen, die dem Selbstvertrauen einen Kick geben, können also eine große Wirkung haben. Das kennen Sie ja selbst: Eine freundliche Begegnung, ein nettes

Kompliment am Morgen – und der Tag ist gerettet. Um wie viel wirksamer ist eine solche Erfahrung bei den Kindern, die in dieser Beziehung ein Defizit haben.

Kehren wir zurück in Ihre ersten Lebensmonate.

Solange Sie noch nicht sprechen können, sondern nur Laute von sich geben, finden Sie es supertoll, wenn man diese Laute wiederholt. Wie wir bereits wissen, werden Kinder eben nicht doof, wenn man sich mit ihnen in Babysprache unterhält. Sie lernen die Grundlagen menschlichen Kontakts: Ich tue etwas, und du reagierst darauf.

Umgekehrt wiederholen Sie aber auch, was Ihre Mutter tut. Bereits unmittelbar nach der Geburt fangen Sie an, die Menschen um Sie herum zu imitieren. Mütter öffnen oft instinktiv den Mund, wenn sie ihre Kinder füttern, und bringen ihnen damit bei, das Gleiche zu tun. Zu beobachten, was der andere tut, und es zu wiederholen, ist eine der Grundlagen des Lernens.

Mit drei bis vier Monaten sind Sie fähig, das Prinzip von Ursache und Wirkung zu begreifen. Sie tun etwas – Sie lachen, Sie brüllen –, und es geschieht etwas. Sie können etwas bewirken. Coole Sache.

Aber das Timing muss stimmen.

Wenn ein stolzer Vater seiner Tochter eine Woche nach dem Abitur ein nagelneues Auto schenkt, fällt es ihr bestimmt ziemlich leicht, einen Zusammenhang zwischen Ursache und Wirkung herzustellen. Wenn man nach Hause kommt, begeistert vom Hund begrüßt wird, dann feststellt, dass er irgendwann im Verlauf der letzten Stunden die teure chinesische Vase umgeworfen hat und deshalb mit ihm schimpft, wird der allerdings keinen Zusammenhang zwischen Ursache und Wirkung herstellen können. Die Zeit zwischen dem Auslöser *Vase kaputt gemacht* und der Wirkung *Frauchen schimpft* ist zu lang. Allenfalls wird der Hund jetzt denken: *Frauchen schimpft, weil ich sie freudig begrüßt habe.* Und er wird das in Zukunft möglicherweise bleiben lassen.

Aber noch sind Sie ja ganz klein, und noch geht Ihr Zeitgefühl eher in die Hunde- als in die Abiturientenrichtung. Sie haben auch noch keine Vorstellung davon, dass die Mama im Nebenzimmer ist, selbst wenn Sie das Nebenzimmer bereits kennengelernt haben. Sie können noch nicht denken: *Ich muss mir keine Sorgen machen, bestimmt ist sie nebenan.* Dafür reicht Ihr Erinnerungsvermögen nicht aus. Noch gibt es für Sie nur zwei Zustände: *Mama da. Gut. – Mama weg. Nicht gut.*

Das heißt, sobald Sie auf sich aufmerksam machen, sollte sie nicht nur richtig, sondern auch zeitnah reagieren. Um etwas lernen zu können, bedarf es einer gewissen Konstanz und Vorhersagbarkeit. Vorhersagbarkeit hat etwas Beruhigendes. Würden Bauklötze in den waghalsigsten Positionen liegen bleiben, dann wieder nach oben wegfliegen oder anfangen, sich von selbst zu bewegen, wäre es schon bedeutend schwieriger, etwas über die Welt zu lernen.

Zuverlässigkeit und Vorhersagbarkeit sind also schon mal wichtig, wenn es darum geht, Ihr Unbewusstes optimal auszurüsten und zu einem verlässlichen Ratgeber zu machen. Mindestens ebenso wichtig ist etwas, das die Bindungsforscher *Feinfühligkeit* nennen.

Am ehesten kann man es vielleicht so erklären: Es ist eine Art von Gleichklang, das Gefühl, dass etwas einfach zusammenpasst. Sicher haben Sie das selbst schon erlebt. Man begegnet jemandem, und bereits nach kurzer Zeit ist es, als kenne man sich schon ewig und sei auf einer Wellenlänge. Irgendwann schaut man auf die Uhr und fragt sich, wo die Zeit geblieben ist. Dieses Gefühl der Verbundenheit hat viel mit dem Hormon *Oxytocin* zu tun, das auch beim Stillen, beim Kuscheln und beim Sex ausgeschüttet wird und das die Bindung stärkt, nicht nur zwischen Menschen, auch zwischen Tieren und zwischen Mensch und Tier.

Eine Substanz, die macht, dass wir uns anderen verbundener fühlen? Das klingt doch wirklich nach einer feinen Sache! Eine Zeit lang waren die Wissenschaftler überaus euphorisch, was die möglichen Perspektiven im Zusammenhang mit diesem Hormon betraf. Zumal sich in Versuchen beispielsweise mit Autisten, die große soziale Schwierigkeiten haben, gezeigt hatte, dass die Gabe von oxytocinhaltigem Nasenspray dazu führte, dass es ihnen besser gelang, sich in andere einzufühlen. Die Forscher sahen schon vielfältige Einsatzmöglichkeiten.

Man stelle sich vor, ein Bundesligaspiel Schalke gegen Dortmund: Gemeinsamer Jubel bei jedem gelungenen Zuspiel, jedem gehaltenen Ball … Fans beider Lager, die sich bei jedem Tor in den Armen liegen und gegenseitig beglückwünschen … Was könnte man an Ordnern und Polizeikräften einsparen, wenn man gezielt bestimmte Fanblöcke in einen zarten Oxytocinnebel …

Bedauerlicherweise stellte sich heraus, dass Oxytocin nicht dazu taugt, dem Weltfrieden näher zu kommen. Zwar stärkt es das Zusammengehörigkeitsgefühl *innerhalb* einer Gruppe, allerdings auch die Schadenfreude gegenüber denen, die nicht dazugehören. Für den Einsatz in Sportstadien also keine wirklich gute Idee.

Wenn Nähe entsteht, ist dieses Hormon mit den genannten kleinen Nebenwirkungen aber im Spiel.

Wir alle wissen aber auch, wie es sich anfühlt, wenn das

Oxytocin streikt und die Wellenlänge *nicht* stimmt. Wenn wir bei einem ersten Date versuchen, unauffällig einen Blick auf die Uhren anderer Menschen zu werfen, weil wir fest davon überzeugt sind, dass unserer der Saft ausgegangen sein muss. So langsam kann die Zeit doch gar nicht vergehen, nicht einmal, wenn einem jemand gegenübersitzt, der entweder ununterbrochen redet oder kaum ein Wort herausbringt. Wenn Sie Pech haben, wissen Sie auch, wie es sich anfühlt, es beim Küssen, Schmusen oder beim Sex mit jemandem zu tun zu haben, mit dem die Wellenlänge nicht wirklich übereinstimmt.

Wir können in solchen Fällen beschließen, eine Beziehung zu beenden oder gar nicht erst einzugehen. Ein Säugling kann das nicht. Er ist auf Gedeih oder Verderb auf die Menschen angewiesen, die für ihn zuständig sind. Im wahrsten Sinne des Wortes.

Das Problem ist: Ebenso wie in dem Bild der Stadt nach einem Stromausfall im kindlichen Gehirn in einem Bezirk nach dem anderen das Licht angeht, gibt es begrenzte Zeitfenster, innerhalb derer dort bestimmte Entwicklungen stattfinden können. Danach wird es dann schon erheblich schwieriger, noch etwas zu verändern. Günstiger ist es immer, schon beim Bauen alles richtig zu machen, als später festzustellen, dass eine Sanierung der Fundamente erforderlich ist. Als Psychotherapeutin mit tiefenpsychologischem Schwerpunkt arbeite ich in der Fundament-Sanierungsbranche und kann ein Lied davon singen.

Psychologen haben einige verblüffende Verfahren entwickelt, mit denen man schon sehr früh feststellen kann, ob bisher alles so gelaufen ist, dass man für die weitere Entwicklung des Kindes eine gute Prognose stellen kann.

Eine dieser Methoden ist der sogenannte *Fremde-Situation-Test*, den ich im nächsten Kapitel etwas ausführlicher schildern werde. Mit seiner Hilfe können Psychologen bereits bei einem ein- bis eineinhalbjährigen Kind feststellen, wie gut das Zusammenspiel zwischen Mutter und Kind geklappt hat. Ursprünglich wurde er lediglich dazu entwickelt, die Bindungsqualität zwischen Eltern und Kindern zu untersuchen. Nachdem die ersten dieser Erhebungen mittlerweile schon einige Jahrzehnte alt sind, kam man auf die Idee zu untersuchen, ob diese unterschiedlichen Bindungsqualitäten auch Langzeitwirkungen haben. Also hat man die Kinder von damals in größeren Abständen untersucht und festgestellt, dass das, was die Psychologen in der ersten Untersuchung beobachtet hatten, noch Jahrzehnte später beträchtliche Auswirkungen zeigte, nicht nur im psychischen Bereich, sondern auch was körperliche Gesundheit, Einkommen, Bildung und die Wahrscheinlichkeit einer kriminellen Karriere betraf.

Okay. Psychologen können mögliche Risikofaktoren also bereits zu einer Zeit entdecken, zu der unser bewusstes Denken noch nicht einmal seine Arbeit aufgenommen hat. Wenn wir aber bereits mit neun Monaten auf dem Höhepunkt der Nervenverknüpferei im Gehirn sind, wenn wir in diesem Alter schon emsig Daten sammeln und in unser Archiv tragen – dann kommt doch Hilfe selbst dann etwas spät, wenn die Psychologen beim Ein- bis Eineinhalbjährigen entdecken, dass bereits Dinge in sein Archiv gelangt sind, die nicht gerade hilfreich für seine weitere Entwicklung sind?

Stimmt. Allerdings haben Psychologen eine Methode, selbst dann festzustellen, ob ein Kind unter Umständen gefährdet ist, wenn es noch kleiner ist. Genauer gesagt: Bevor es überhaupt auf der Welt ist. Um Vorhersagen darüber zu treffen, wie die Bindung zwischen Mutter und Kind sein wird, braucht man also nicht einmal das Kind. Genau genommen braucht man nicht einmal einen Psychologen. Es geht lediglich um die Beantwortung der Frage: *Wie war das Verhältnis der zukünftigen Mutter zu ihrer eigenen Mutter?*

Auf dem Hintergrund dessen, worum es bisher in diesem Buch ging, werden Sie gut verstehen können, warum das eine gewaltige Rolle spielen kann. Wenn es in erster Linie unser Unbewusstes ist, das unser Handeln bestimmt, wird es auch die größte Rolle dabei spielen, wie wir mit unseren Kindern umgehen. Ob unser instinktives Wissen darüber, was einem Kind guttut und was nicht, wirksam werden kann, hängt stark davon ab, ob unser eigenes Grundbedürfnis nach Bindung sich entfalten durfte, ob es unterdrückt werden musste oder gar chaotisch durchgeschüttelt wurde. Wenn das Unbewusste bis zum Rand angefüllt ist mit unerfreulichen Situationen aus der eigenen Kindheit, ist die Gefahr verdammt groß, dass es statt zu angemessenem Verhalten dazu kommt, exakt das zu wiederholen, worunter man als Kind zu leiden hatte. Bis hin zu körperlichen Misshandlungen durch Schläge oder Schütteln, oder zu Vernachlässigung, indem man die Tür hinter sich zuwirft, in die nächste Kneipe geht und versucht, die eigene Hilflosigkeit und Überforderung im Alkohol zu ertränken.

Die beste Voraussetzung für das psychische Gedeihen eines Kindes ist demnach, dass seine Eltern sich bei ihren eigenen Eltern wohl und geborgen gefühlt haben.

Halt, stopp, werden Sie jetzt vielleicht rufen. Ist ja alles schön und gut mit der Hirnentwicklung und der Bindung und all dem – aber geht das jetzt nicht etwas zu weit?

Dann soll also die Tatsache, in welcher Familie einen der Klapperstorch abgeliefert hat, über den ganzen weiteren Lebensverlauf entscheiden? Wenn man dabei Pech hatte, wird man ein unglücklicher Mensch, der mit sich selbst und seiner Umwelt nicht im Reinen ist, und wenn der Storch einen nur ein Haus weiter abgegeben hätte, wäre alles anders?

Bei drei von vier Menschen entspricht die Art von Bindung, die sie mit ihrem Kind eingehen, tatsächlich exakt der, die sie selbst erfahren haben. Auch das spezielle Temperament, das von Eltern oft als Begründung dafür angegeben wird, dass ihr Kind weniger Zuwendung erfuhr, etwa, es sei extrem anstrengend gewesen oder habe nie schmusen wollen, trägt erheblich weniger dazu bei, wie das Verhältnis zwischen Eltern und Kindern aussieht als die Erfahrung, wie sie selbst von ihren Eltern behandelt wurden, als sie klein waren. Was wir selbst erlebt haben, prägt uns, und da es unbewusst geschieht, haben wir oft kaum eine Chance, dies zu erkennen.

Zur Illustration zunächst ein weniger drastisches Beispiel aus meiner psychotherapeutischen Praxis. Es zeigt: Selbst dort, wo das Verhältnis zwischen Eltern und Kindern gut war, kann etwas Spuren in unserem inneren Archiv hinterlassen haben, das zu Problemen im Umgang mit dem eigenen Kind führen kann. In diesem Fall ist das Kind schon mitten in der Pubertät.

Eigentlich kam die Patientin ursprünglich mit anderen Beschwerden in meine Praxis. Zu diesem Zeitpunkt rücken allerdings ihre Probleme mit der fünfzehnjährigen Tochter immer mehr in den Mittelpunkt unserer Gespräche.

»Ich weiß nicht, was ich mit ihr noch machen soll!«, ruft sie in dieser Sitzung aus. »Sie benimmt sich absolut unmöglich.

Wie soll ich die nächsten Jahre mit ihr bloß überstehen? Ich kann es nicht erwarten, bis sie endlich auszieht.«

Bisher hatte sie die Tochter nie als besonders verhaltensauffällig geschildert.

»Wie ist sie denn in der Schule?«, frage ich. »Mit welchen Leuten ist sie denn so zusammen?«

Sie sei noch immer Klassenbeste, meint die Mutter, und ihre Freundinnen seien auch alle in Ordnung.

Ich merke, dass mir die Tochter anfängt leidzutun.

»Sie nimmt also keine Drogen, ist nicht kriminell und geht nicht auf den Strich«, sage ich. »Sie ist lediglich in der Pubertät.«

»Aber ich halte das nicht aus!«

Zwar weiß ich natürlich bereits einiges vom Lebenslauf der Patientin, dennoch frage ich nach.

Diese Frage ist übrigens meine Geheimwaffe, wenn Eltern Probleme mit ihren Kindern haben und ich partout nicht weiterkomme. Ich stoße damit praktisch immer auf Gold.

Ich frage also: »Wie waren Sie denn so in dem Alter?«

(Übersetzt in unser Thema bedeutet diese Frage nichts anderes als: »Was hat Ihr Unbewusstes in diesem Alter darüber eingespeichert, wie Eltern und Kinder miteinander umgehen?«)

Die Patientin muss keinen Augenblick lang überlegen. »Jedenfalls war ich nicht so! Das hätte ich mir ja auch gar nicht leisten können!«

Da ich die Antwort bereits ahne, frage ich vorsichtig: »Und warum nicht?«

»Das war doch die Zeit, als meine Mutter so schwer krank war.«

Ich weiß, dass die Mutter der Patientin damals an Krebs

erkrankte. Hinzu kam ein schwerer Behandlungsfehler der Ärzte, der dazu führte, dass die Mutter noch einige Jahre an den Folgen litt. Zum Glück hatte sie die Krankheit überlebt, und es ging ihr auch zum Zeitpunkt der Behandlung noch gut. Der Schrecken und die Furcht, die Mutter zu verlieren, hatten sich der Patientin allerdings tief eingeprägt.

Ob sie sich vorstellen könne, dass zwischen der Erkrankung ihrer Mutter in der damaligen Zeit und ihren eigenen Problemen mit der Tochter heute ein Zusammenhang bestehe, frage ich die Patientin. Sie wirkt nicht wirklich überzeugt, und ich versuche ihr diese Interpretation auch nicht mehr nahezubringen. Aber sie lässt sich bereitwillig darauf ein, als ich ihr vorschlage, über die für sie als Jugendliche so schwere Zeit zu reden. Schnell wird deutlich, dass sie damals vor Angst wie gelähmt war.

»Sicher haben Ihre Freundinnen damals angefangen, abends auszugehen und sich zu verlieben«, sage ich.

»Ja, aber ich wollte das nie. Meine Eltern hätten zwar nichts dagegen gehabt, aber ich wollte lieber zu Hause bleiben.«

Pubertät ist unter anderem die Zeit, in der wir langsam beginnen, uns vorzustellen, einmal das Elternhaus zu verlassen. Vieles wiederholt sich sozusagen auf höherem Niveau aus der Zeit, in der wir Mutters Schoß verlassen und die Welt erkunden. Auch das klappt am besten, wenn wir genug Sicherheit erfahren haben und noch immer erfahren. Genauso ist es in der Pubertät. Kinder können dann am besten die ersten Schritte in die Welt unternehmen, wenn sie sicher sind: Zu Hause ist alles in Ordnung.

Statt einzuspeichern: *Mütter und Töchter können sich trennen und wieder zusammenkommen, und das ist gut*, hatte das Unbewusste dieser Patientin damals offenbar gespeichert: *Trennung bedeutet Tod.*

Dass ihre eigene Tochter immer unabhängiger wurde, weckte auf der unbewussten Ebene diese Verknüpfungen anstatt solche von heimlichen Küssen und anderen aufregenden Begebenheiten.

»Wie fanden Sie das denn damals, was Ihre Freundinnen so alles taten?«, frage ich sie.

»Ich hielt sie ab dann für total doof und oberflächlich«, antwortet die Patientin.

Verständlich, denke ich. Irgendwie muss man seine aus purer Angst geborene Entscheidung, bei der Mutter zu bleiben, sich selbst gegenüber ja begründen. Um gut aushalten zu können, dass die Freundinnen ein so beneidenswert unbeschwertes Leben führen, das man bis vor Kurzem noch selbst gern geführt hätte, distanziert man sich von ihnen.

Genauso, wie die Patientin es nun bei ihrer Tochter tat.

Ich frage die Patientin, ob sie nicht meine, dass sie in der Zeit damals auch viel verpasst habe? Und ich denke mir, dass sie auch heute noch einen beinahe zu vernünftigen Eindruck auf mich macht.

Außerdem wirkt sie äußerlich oft eher kindlich als wie eine erwachsene Frau.

»Das kann schon sein«, meint sie ausweichend. »Aber das kann man nun mal nicht nachholen.«

»Nachholen nicht – aber man kann viele schöne andere Dinge tun«, sage ich.

Sie runzelt die Augenbrauen, aber plötzlich beginnt sie zu lächeln. »Ich glaube, meinem Mann wäre das ganz recht.«

»Was denn zum Beispiel?«

Es stellt sich heraus, dass die Patientin mit ihrem Mann schon seit vielen Jahren nicht mehr ausgegangen ist.

In der nächsten Zeit berichtet sie immer mal wieder von Unternehmungen mit ihrem Mann, die ganz nebenbei die wenn auch gute, so doch etwas eingeschlafene Beziehung wieder beträchtlich in Schwung bringen.

Als sie einmal erzählt, wie sie spätabends mit dem Mann vom Tanzen nach Hause kam und die Tochter sie schon in der Tür erwartete mit den Worten: »Wo kommt ihr denn jetzt her?«, müssen wir beide laut lachen, denn es ist uns klar, dass sich für einen Augenblick die vorher so verhärteten Rollen umgekehrt hatten. Die Mutter ist der kichernde Teenager, und die Tochter die strenge Erziehungsberechtigte.

Ob sie einen Zusammenhang zwischen den Problemen mit ihrer Tochter und ihrer eigenen Jugendzeit sehe, habe ich die Patientin nie wieder gefragt.

Aber sie berichtete auch nie wieder von Problemen mit der Tochter, sondern im Gegenteil, dass es Spaß mache, mit ihr shoppen zu gehen und sich von ihr beim Kleiderkauf beraten zu lassen.

Als ich in einer späteren Sitzung, nachdem sie schon lange nicht mehr von der Tochter erzählt hatte, noch einmal nachfrage, ob es denn gar keine Probleme mehr mit ihr gebe, antwortet die Patientin verwundert: »Nein, warum denn? Sie ist doch ein vernünftiges Mädchen.«

Auch hier konnte eine kleine Weichenstellung die Auflösung von etwas bewirken, das ein Leben lang Bestand gehabt hatte. Die uralte Verknüpfung: *Pubertät heißt, man sitzt daheim bei der Mama, und das ist auch gut so* konnte durch eine allgemeingültigere ausgetauscht werden.

Veränderungen können nur dann stattfinden, wenn die alten Verknüpfungen durch neue ersetzt werden.

Selbst noch so tief greifende Veränderungen im Erwachsenenleben allein sind nicht imstande, die Persönlichkeit eines Menschen zu verändern. Das zeigen Untersuchungen von Menschen, die entweder eine große Summe im Lotto gewonnen haben oder die durch einen Unfall eine Querschnittslähmung erlitten.

Es stellte sich heraus: Bald ist jeder wieder an dem Punkt, an dem er vor dem Ereignis war. Die Menschen im Rollstuhl, die vor dem Unfall mit ihrem Leben zufrieden gewesen waren, hatten diesen Zustand bereits ein Jahr nach dem Unfall wieder erreicht. Wer vorher Sport getrieben hat, tut es auch danach, wer vorher viele soziale Kontakte hatte, hat sie noch immer und vielleicht sogar ein paar neue dazugewonnen.

Wer vor seinem Lottogewinn mit seinem Leben nicht gut zurechtkommt, ist nach einem Jahr mindestens ebenso unglücklich, vielleicht sogar noch verbitterter, weil er sein Geld in windige Geschäfte investiert oder gutgläubig den falschen Menschen anvertraut hat.

Falls Sie der Meinung sind, das klinge doch deprimierend schicksalhaft – das ist es nicht. Zwar werden Glück und Unglück häufig über Generationen »weitervererbt«, und zwar nicht nur auf der Verhaltensebene. Die frühen Beziehungserfahrungen werden tatsächlich auch durch Anhängsel im Erbgut weitergegeben, die die Aktivität bestimmter Gene beeinflussen. Allerdings, und das ist die gute Botschaft, sind sie im Gegensatz zu unserer DNS im Laufe des Lebens veränderbar. Der Einfluss der frühen Bindung auf unser zukünftiges Leben ist kein unabwendbares Schicksal. Sie ist jedoch tatsächlich ein bedeutender Schutz- wie eben auch Risikofaktor.

Auch in Fällen, wo es von Anfang an zwischen Mutter und Kind holprig verläuft, gibt es mittlerweile recht einfache Methoden, Eltern in nur wenigen Sitzungen beizubringen, wie das mit der Wellenlänge zwischen ihnen und ihren Kindern funktionieren kann.

Beispielsweise, wenn sie an der Aufgabe verzweifeln, ihr schreiendes Kind zu beruhigen.

Dass Säuglinge schreien, darauf sind selbst die Mütter zumindest rein theoretisch vorbereitet, die vorher recht sorglos ins Muttersein marschiert sind. Aber was ist, wenn ein Kind untröstbar scheint, wenn es – gefühlt – nahezu pausenlos schreit?

Zum Glück gibt es hierfür Hilfe. In allen größeren Städten in Deutschland gibt es mittlerweile die sogenannte *Schreiambulanz*. Was dort angeboten wird, ist überaus erfolgreich. Meist zeigt sich, dass die Mütter die Signale ihrer Kinder falsch gedeutet hatten, das heißt, die Bedürfnisse des Kindes und die Angebote, die die Mütter daraufhin machten, passten nicht zusammen. So müssen vor allem unsichere Mütter beispielsweise erst lernen, einem schreienden Kind nicht ständig neue Angebote zu machen, in der Hoffnung, es müsse doch irgendwann das dabei sein, was es braucht. Viel wichtiger ist es, ihnen beizubringen, eine Stimmung zu erzeugen, die das Kind beruhigt und es nicht mit ständig neuen Reizen überfordert.

Selbst wer noch nie mit Kindern zu tun hatte, kann leicht verstehen, dass ein schreiender Säugling nicht zu beruhigen ist, wenn die verständlicherweise durch Schlafentzug dünnhäutige Mutter ins Kinderzimmer kommt, das Deckenlicht anmacht, schreit: »Was ist denn jetzt schon wieder los!«, das Kind unsanft aus dem Bettchen reißt und hektisch schüttelt. Die meisten der Mütter mit Schreikindern müssen also nur lernen zu erkennen, was das Kind braucht und was es ihnen sagen will. Das erleichtert die Herstellung einer sicheren Bindung ganz ungemein.

Selbst für Mütter, die an einer sogenannten Wochenbett-Depression erkrankt sind oder die sich aus anderen Gründen mit dem Säugling komplett überfordert fühlen, gibt es effektive Hilfen. In vielen Psychiatrien gibt es Mutter-Kind-Stationen, in denen nicht nur die Mutter wieder stabiler und belastbarer werden kann, sondern wo sie auch lernen kann, eine sichere Bindung zum Kind aufzubauen.

Häufig wird dabei mit der sogenannten Video-Analyse gearbeitet. Auf einem Bildschirm mit Split-Screen ist auf einer Seite das Baby im Schaukelsitz zu sehen, auf der anderen Vater oder Mutter, die ihm gegenübersitzen. Einige Minuten lang wird aufgezeichnet, wie es so läuft zwischen den beiden. Anschließend wird mit dem Psychologen oder der Psychologin erst einmal geschaut, was gut klappt, und dann gemeinsam beobachtet, wo Signale des Kindes missdeutet werden. Gerade Eltern, die selbst keine sichere Bindung kennengelernt haben, bekommen auf diese Weise eine Art Übersetzungsprogramm der kindlichen Bedürfnisse an die Hand. Dadurch werden Missverständnisse von vornherein vermieden, die beide Seiten frustrieren könnten. So nehmen manche Mütter es beispielsweise persönlich, wenn der Säugling den Kopf wegdreht. Sie müssen erst lernen, dass dies häufig ein Zeichen dafür ist, dass er die aufgenommenen äußeren Reize erst einmal verarbeiten muss und dass es darum keine gute Idee ist, darauf irritiert mit weiteren Angeboten oder gar gekränkt zu reagieren. In dem Maße, in dem Eltern Fortschritte machen und nicht ständig mit ihren Bemühungen scheitern, festigt sich auch ihre Bindung zum Kind.

Wie schrieb ich zu Beginn des Buches? Es ist nicht einzusehen, dass man erst psychisch erkranken muss, um zu lernen, wie wir alle ticken. Ebenso wenig ist es einzusehen, dass Mütter eine Schreiambulanz aufsuchen müssen oder gar einige Zeit mit dem Kind in der Psychiatrie verbracht haben müssen, um dessen Sprache zu erlernen.

Immer wieder gab und gibt es deshalb die Überlegung: Auch wenn die meisten Eltern im Umgang mit ihren Kindern fast alles richtig machen, so wäre es doch keine schlechte Idee, wenn das Wissen, was schon sehr kleine Kinder brauchen, Allgemeingut werden könnte.

Vor einigen Jahren gab es den Plan, in einem Schulbezirk das Fach »Kindererziehung« einzuführen. Man hatte sich vorgestellt, es sei doch eine ausgezeichnete Idee, Jugendlichen, bevor sie etwa zehn Jahre später darangehen, sich zu vermehren, schon einmal beizubringen, wie Kinder überhaupt funktionieren, was man tun sollte, wenn man eins hat, und was man besser bleiben lässt. Legen Sie mich nicht auf Details fest, aber ich erinnere mich zumindest noch, dass etwa zwei Drittel der Eltern dagegen waren, dass man ihre Kinder darin unterrichtet, bestenfalls bessere Eltern zu werden, als sie selbst es sind. Damit war das Projekt gestorben.

Das Unterrichtsfach hatte sich an ältere Jugendliche wenden sollen. Natürlich ist es verständlich, dass Eltern, die es schon schwer genug mit ihren pubertierenden Monstern haben, nicht auch noch erleben wollen, dass ebendiese Monster nach Hause kommen und ihnen erzählen, was sie in den vergangenen anderthalb Jahrzehnten alles verkehrt gemacht haben. Schließlich kommen die schon aus der Ernährungskunde in der Schule und errichten ein Schreckensregime am Abendbrottisch, indem sie darauf bestehen, dass der bisher so geliebte Ketchup künftig doch bitte nur aus selbst angebauten Tomaten und eigener Herstellung zu stammen habe. Andererseits wäre diese Sache mit dem Erziehungsunterricht keine dumme Idee, solange man noch alle Herrschaften eines Jahrgangs zusammen hat. Da die Eltern dafür also nicht zu gewinnen sind, muss man sich etwas anderes einfallen lassen.

Ein spannender Ansatz hierzu kommt aus Kanada. Ein Programm, das die Pädagogin Mary Gordon in den 1990er-Jahren entwickelte, ist inzwischen fester Bestandteil des Lehrplans an kanadischen Schulen und hat bereits über 500 000 Schüler erreicht. Zurzeit wird es auch in Bremen in mehreren fünften Klassen erprobt. Das Raffinierte an der Sache besteht unter anderem darin, dass Eltern wohl kaum etwas gegen ein Programm haben können, das den Namen *Roots of Empathy* trägt (zu Deutsch: Wurzeln der Empathie – oder eben der Feinfühligkeit). Ein Jahr lang kommt neunmal für jeweils eine Stunde eine neue Lehrkraft ins Klassenzimmer. Bei dieser Lehrkraft handelt es sich um ein Baby, das von seiner Mutter begleitet wird. Diese Stunden werden von einem speziellen Trainer jeweils vor- und nachbereitet. Er ist ehrenamtlich tätig, wodurch den Schulen nicht einmal ein finanzieller Aufwand entsteht. Die Kinder erfahren etwas über die Bedürfnisse und Ausdrucksformen von Babys und können Fragen dazu stellen. Ebenso wie in den Schreiambulanzen und bei der Video-Analyse erweist sich auch hier: kleiner Aufwand, gigantische Wirkung.

Als man Klassen, die an dem Programm teilnahmen, mit solchen verglich, die nicht daran beteiligt waren, zeigte sich: In den Empathieklassen nahm die Hilfsbereitschaft der Schüler untereinander zu, in den anderen (vermutlich altersbedingt) im gleichen Zeitraum ab. Aggression nahm in den Empathieklassen ab, in den anderen zu. Die Fähigkeit, sich in andere hineinzuversetzen, war in den Empathieklassen wesentlich höher entwickelt.

Natürlich könnte man sich vorstellen, dass diese Effekte sich bald wieder abschleifen. Das Gegenteil war jedoch der Fall. Die Unterschiede zwischen den Klassen nahmen in den darauffolgenden Jahren sogar noch zu!

Das bedeutet: Empathie ist nichts, das sich wieder verlernt. Sie schlägt Wurzeln und nistet sich im Unbewussten ein. Für Bindungsforscher ist das nicht allzu verwunderlich. Sie sind der Überzeugung, dass unser Bindungsverlangen zwar verschüttet werden, jedoch nie ganz verloren gehen kann. Ein einziger Erwachsener, der einem Kind Zuverlässigkeit und Unterstützung vermittelt, kann dadurch seinen Lebensweg positiv beeinflussen. Zeuge davon zu sein, wie etwas geschieht, das Grundlage der Persönlichkeit jedes Menschen sein sollte, kann offenbar ebenso viel bewirken. Allein das Miterleben einer sicheren Bindung vermag auch bei denen, die sie selbst nicht erleben durften, etwas in Gang zu setzen und Veränderung zu bewirken. Vor allem dann, wenn der Betreffende sich nicht ausgeschlossen fühlen muss, sondern selbst Teil dieses Erlebens sein darf. Auch Kinder, die diesen Gleichklang nie erfahren haben, spüren instinktiv: *So muss es sein.*

Das lässt die Hoffnung zu, dass aus den Kindern, die diesen Unterricht durchlaufen haben, tatsächlich einmal feinfühligere Eltern werden, und in der Tat trägt das Programm auch den Beinamen »heimlicher Elternführerschein«.

Kindheit ist nicht immer eine tolle Sache.

Zu dem Zeitpunkt, als ich dieses Buch schreibe, ist ein Report von UNICEF erschienen, in dem das Ausmaß an Gewalt an Kindern in 190 Ländern untersucht und dokumentiert wurde. Demnach sind drei von zehn Erwachsenen der Meinung, körperliche Züchtigung gehöre zur Erziehung, in einigen

Ländern sind es sogar mehr als die Hälfte. Diese traurige Tatsache hilft uns auch zu begreifen, warum die Welt in keinem besseren Zustand ist.

Im Folgenden möchte ich auch von denen erzählen, die eher ungern an ihre Kindheit zurückdenken. Das kann ich allerdings nicht in gewohnt lockerem Ton tun, was Sie mir hoffentlich nachsehen werden.

Sicherheit, Unsicherheit und Chaos

Um feststellen zu können, wie die Bindung zwischen Mutter und Kind sich entwickelt hat, setzen Bindungsforscher den bereits erwähnten *Fremde-Situation-Test* ein, der mittlerweile als absoluter Klassiker der Bindungsforschung gilt.

Grob zusammengefasst sieht er so aus: Mutter und Kind kommen beispielsweise in den Untersuchungsraum eines psychologischen Instituts, also an einen Ort, den das Baby oder Kleinkind noch nicht kennt. Nach einiger Zeit wird die Mutter aufgefordert, den Untersuchungsraum zu verlassen und das Kind mit dem Psychologen oder der Psychologin allein zu lassen. Es wird beobachtet, wie das Kind reagiert, wenn die Mutter den Raum verlässt, und was es tut, wenn sie wieder hereinkommt.

Bindungsforscher unterscheiden dabei vier Bindungsformen, die ich kurz erklären möchte.

Die sichere Bindung

Ein Kind, das sicher an die Mutter gebunden ist, protestiert, wenn die Mutter es mit Fremden allein lässt. Das ist nicht etwa ein Zeichen dafür, dass es sich um ein besonders ängstliches und unselbstständiges Kind handelt. Schließlich ist das ein Verhalten, das in grauer Vorzeit einmal überlebensnotwendig war. Hätten die Mütter damals nicht auf ihre schreienden Säuglinge gehört, die signalisierten: »He, nimm mich mit! Lass mich nicht hier liegen!«, wären die Kleinen von Säbelzahntigern gefressen worden oder auf andere Weise ums Leben gekommen.

Auch später, wenn Kinder nicht ins Bett wollen, hat das wahrscheinlich etwas mit dem Säbelzahntiger zu tun. Als er noch herumschlich, war es für ein Kind tatsächlich lebensbedrohlich, wenn seine Mutter es allein ließ, zudem im Dunkeln. Ja, manche Verhaltensweisen sterben so schnell nicht aus. Vor allem nicht die, die einst das Überleben gesichert haben. Protestiert ein Kleinkind, wenn die Mutter es an einem unbekannten Ort verlässt und mit einer fremden Person allein lässt, ist das also ein gutes Zeichen. Es hat erfahren, dass es sich auf seine Mutter verlassen kann und dass sie es bei Gefahr schützt und tröstet, wenn etwas nicht in Ordnung ist.

Mittlerweile weiß man, dass im Erwachsenenalter die Beziehungen zweier Menschen, die als Kind sicher gebunden waren, die besten Chancen auf ein langes und glückliches Zusammenleben haben. Diese Kinder haben somit schon früh einen gewaltigen Vorsprung. Schon im Vorschulalter sind sie ausdauernder, kreativer und lernen schneller sprechen, sie haben mehr Freunde und können mit Krisen besser umgehen.

Wenn Sie dazugehören, haben Sie also allen Grund, dankbar zu sein. Auf das, was Ihr Unbewusstes Ihnen anbietet, können Sie sich verlassen, denn was Sie gelernt haben, ist gut und nützlich für Ihren Umgang mit der Welt, mit anderen und mit sich selbst.

50–60 Prozent aller Kinder sind sicher gebunden.

Die unsicher-vermeidende Bindung

Schon als Säugling versuchen Sie, Kontakt aufzunehmen. Wenn das immer wieder ignoriert wird – wie im Fall der jungen Mutter mit dem Smartphone in der Straßenbahn – oder wenn man Ihnen zeigt, dass es nicht erwünscht ist, werden Sie es irgendwann bleiben lassen. Dieser Lernprozess, das Unterdrücken von etwas so Grundsätzlichem wie dem Wunsch nach Bindung, geht mit einer Menge an Stress einher.

Im *Fremde-Situation-Test* sind auch diese Kinder beunruhigt, wenn ihre Mutter den Raum verlässt, und ihr Herzschlag beschleunigt sich. Aber äußerlich merkt man ihnen das nicht an. Sie spielen weiter mit ihrem Spielzeug und zeigen auch keine große Regung, wenn ihre Mutter nach einigen Minuten wieder zurückkommt. Falls sie schon laufen können, laufen sie ihr auch nicht entgegen. Stattdessen ignorieren sie sie und suchen eher die Nähe der Psychologin, die sie erst vor wenigen Minuten kennengelernt haben.

Fälschlicherweise könnte man ein solches Kind für besonders selbstständig und »pflegeleicht« halten. Misst man hingegen den Cortisolspiegel seines Speichels, stellt sich heraus, dass er höher ist als der der sicher gebundenen Kinder, die in dieser Situation nach der Mama weinen.

Das ist es, was unsicher-vermeidend gebundene Kinder lernen: schon ganz früh »vernünftig« zu sein, zu einer Zeit, in der ein solches Verhalten noch gar nicht angesagt ist. Bindungsforscher sind der Meinung, in den ersten eineinhalb Jahren könne ein Kind noch nicht verwöhnt werden, vielmehr sei es wichtig, in dieser Zeit die Bedingungen dafür zu schaffen, vertrauensvolle Beziehungen knüpfen zu können. Und dafür, dass der Cortisolspiegel des Kindes sich nicht dauerhaft erhöht.

Biochemisch betrachtet handelt es sich bei dem Cortison, das Sie bestimmt als Medikament kennen, um die inaktive Form des Cortisols. Wenn Sie erfahren, dass jemand mit Cortison behandelt wird, wissen Sie, dass er unter einer Erkrankung leidet. Sie wissen aber bestimmt auch, dass es nur eingesetzt werden sollte, wenn es unbedingt nötig ist, denn es bringt einiges an Nebenwirkungen mit sich. Beim Cortisol ist es im Prinzip das Gleiche. Der Körper, genauer gesagt die Nebennieren, setzt dann Cortisol frei, wenn etwas nicht in Ordnung ist. Wenn wir in belastenden Situationen in Stress geraten, versucht das Cortisol, den Stress zu dämpfen und uns wieder ins Gleichgewicht zu bringen. Hält der Stresszustand an, bleiben die Cortisolwerte dauerhaft erhöht, was genauso wenig gesund ist wie die permanente Einnahme von Cortison.

Kinder, die keine Erfahrungen mit anderen Menschen machen, die ihre ersten belastenden Erfahrungen korrigieren und bei denen sie lernen können, dass sie und ihre Bedürfnisse wichtig und sie selbst liebenswert sind, werden als Erwachsene voraussichtlich Probleme haben, ihre Gefühle korrekt zu benennen. Denn die richtigen Vokabeln haben sie nie gelernt. Statt »Gell, du langweilst dich« oder »Gell, du willst schmusen« haben sie gehört: »Mann, du nervst schon wieder«.

Kinder wollen nicht nerven. Sie wollen geliebt werden. Da die unsicher-vermeidend gebundenen Kinder die Erfahrung von bedingungsloser Liebe bei ihrer Hauptbezugsperson nicht machen können, sondern sich lediglich zwischen einer abweisenden oder gleichgültigen Mutter entscheiden können, entscheiden sie sich schließlich für die gleichgültige. Sie unterdrücken ihr Bindungsverlangen und geben sich ebenfalls gleichgültig. Dafür gibt es dann zwar keine Nähe, aber man kriegt wenigstens nicht geschimpft.

Die Wahrscheinlichkeit ist groß, dass ihr innerer Rückzug dauerhaft sein wird.

Als Zehnjährige werden sie deutlich seltener über das sprechen, was sie belastet, und wenn sie es tun, werden sie dabei scheinbar wenig gefühlsmäßig bewegt sein. Wenn sie später als Erwachsene von ihrem Partner oder ihrer Partnerin zu hören bekommen, sie seien nicht imstande, Gefühle zu zeigen oder über Gefühle zu sprechen, verstehen sie oft gar nicht, was man von ihnen will. Dass es einmal ganz anders war, können sie nicht mehr wissen. Ihre Eltern erzählen ihnen, sie seien schon immer so gewesen.

Auch heute noch werden Eltern verunsichert durch die Meinung mancher Experten, auch ein Säugling lerne schneller durchzuschlafen, wenn man ihn schreien lasse. Wenn man immer gleich gerannt komme, werde das Kind verwöhnt und lerne nicht, seine Gefühle allein zu regulieren und sich selbst wieder zu beruhigen. Aus der Sicht der Bindungsforscher ist dieser Rat eine Katastrophe. Ein Säugling ist noch nicht imstande, seine Gefühle selbst zu regulieren. Je länger das Kind schreit, desto mehr Stresshormone hat es im Blut. Kommt das zu häufig vor, kann es zu gesundheitlichen Schädigungen kommen, die sich ein Leben lang auswirken können.

Außerdem weinen Babys, die bei nächtlichem Schreien unmittelbar und zuverlässig getröstet werden, auf lange Sicht weniger. Das tun Kinder, die man schreien lässt, möglicherweise auch. Allerdings aus anderen, aus der Sicht der Bindungsforscher falschen Gründen. Wie wir wissen, sind schon die winzigsten Kinder alles andere als dumm, sondern sehr wohl fähig zu lernen. Säuglinge, die man schreien lässt, ohne Hilfe anzubieten, lernen, dass diese Welt kein Ort ist, an dem man auf Liebe und Unterstützung hoffen kann.

Einige meiner Patienten leiden auch als Erwachsene noch unter massiven Schlafstörungen, haben nächtliche Ängste oder können nicht ohne Licht schlafen, weil ebendieser Trost in ihrer frühen Kindheit gefehlt hat. Woher die Patienten das wissen, wenn es doch um eine Zeit geht, an die wir uns nicht erinnern können? Ganz einfach: Ihre Eltern hatten keine Hemmungen, ihnen stolz zu erzählen, wie wenig sie sich schon von ihren Winzlingen hätten »tyrannisieren« lassen.

30–40 Prozent der Kinder sind unsicher-vermeidend gebunden.

Aus dem, was ein unsicher-vermeidend gebundenes Kind erlebt, kann es zumindest Verhaltensregeln ableiten. *Meine Mama mag es nicht, wenn ich zum Schmusen komme, also lass ich es bleiben. Wenn es mir schlecht geht, muss ich lernen, allein damit fertigzuwerden.* Das ist nicht schön, aber das Kind lernt, sich darauf einzustellen. Darum gehört diese Gruppe noch nicht zu denen, um die sich Psychotherapeuten so große Sorgen machen, dass sie es für unbedingt notwendig halten, dort schon ganz früh einzugreifen.

Anders bei den beiden nächsten Gruppen.

Die unsicher-zerrissene Bindung

Die Fachleute bezeichnen diese Bindungsform als unsicher-ambivalent.

Ist die Hauptbezugsperson nicht einfach abweisend wie bei den unsicher-vermeidend gebundenen Kindern, sondern über einen längeren Zeitraum oder dauerhaft unausgeglichen, launisch oder sehr stark mit ihren eigenen Problemen beschäftigt, so ist die Wahrscheinlichkeit sehr groß, dass das, was das Kind von ihr bekommt, wenig mit ihm selbst zu tun hat. Das Verhalten hat viel mehr mit der eigenen, extrem wechselnden Befindlichkeit der Bezugsperson zu tun. Für dieses Kind ist die Welt weder ein warmer, freundlicher Ort noch ein kühler, von dem nicht viel zu erwarten ist, sondern ein ständiges, ungeheuer verwirrendes Wechselbad.

Vor vielen Jahren habe ich einmal einen Spielfilm gesehen, in dem eine solche Mutter-Kind-Beziehung dargestellt wurde. In diesem Fall war die Mutter Alkoholikerin. Mal lag sie tagsüber schlafend im Bett und die Kinder blieben sich selbst überlassen, dann wieder riss sie die Kinder mitten in der Nacht aus dem Schlaf, weil es ihr in den Sinn kam, eine Eiscremeparty mit ihnen zu feiern.

Mangelnde Vorhersagbarkeit beunruhigt. Auf einem Planeten zu leben, auf dem die Jahreszeiten kommen und gehen, wie es ihnen gerade in den Sinn kommt, und wo physikalische Gesetzmäßigleiten aufgehoben sind, fänden wir beängstigend. Genauso beängstigend ist es für ein kleines Kind, wenn die Verhaltensweisen der Eltern chaotisch und unvorhersagbar sind und wenn sie kommen und gehen, liebevoll oder gleichgültig sind, wie es ihnen gerade in den Kram passt.

Aufgabe von Eltern ist es unter anderem, Kindern beizubringen, wie man seine Gefühle erkennen und damit umgehen kann. Dass das bei jemandem, der diese Kunst selbst nie beherrscht hat, nicht zu lernen ist, leuchtet unmittelbar ein. Das führt dazu, dass die Kinder solcher Eltern schon früh mit ihren eigenen Gefühlen überfordert sind. Sie reagieren zwar auf Verlassenwerden mit Weinen, auf Nähe jedoch mit Abwehr.

Im *Fremde-Situation-Test* reagiert ein solches Kind sehr extrem auf die Abwesenheit der Mutter, schlägt gegen die Tür, weil es ihr unbedingt hinterherwill oder Ähnliches, und ist kaum zu trösten. Kommt die Mutter schließlich wieder zurück, klammert es sich einerseits an sie, ist andererseits aber wütend und will sie schlagen. Mit anderen Worten: Weil das Verhalten der Hauptbezugsperson so unvorhersagbar ist und es keinen Weg gefunden hat, damit und mit seinen eigenen Gefühlen umzugehen, weiß das Kind sich in problematischen Situationen nicht zu helfen. Es ist innerlich zerrissen, und das schon sehr früh.

Kein Wunder, wenn man irgendwann beginnt, es als »anstrengendes Kind« zu bezeichnen. Es lernt, dass es sehr laut und sehr deutlich werden muss, um eine Reaktion zu bekommen, vielleicht auch, weil seine Mutter so sehr mit ihren eigenen Problemen beschäftigt ist, dass sie es darüber zu vergessen scheint. Da dies, wie wir wissen, für kleine Kinder lebensbedrohlich ist, lernt es: *Wenn Mama nicht auf mich aufpasst, muss ich auf sie aufpassen, damit sie mich nicht vergisst.*

Oder, wie manche Bindungsforscher sagen: Es lernt, aufzupassen wie ein Schießhund. Zumindest, um herauszukriegen, wie Mama gerade drauf ist, um entsprechend darauf reagieren zu können. Es ist auch schwer für ein solches Kind, selbstvergessen zu spielen, da es jederzeit fürchten muss, ohne Vorwarnung dabei unterbrochen zu werden.

Kinder können die Zeit vergessen. Nicht immer zur Freude der Eltern, die dafür sorgen müssen, sie rechtzeitig in den Kindergarten, in die Schule oder zum Schlafengehen zu bekommen. Dennoch ist dieser Zustand des selbstvergessenen Spielens etwas, nach dem wir uns alle zurücksehnen. Selbstvergessen. Ein wunderbares Wort. Ganz in dem aufgehen, was wir gerade tun, ohne ständig eine unbarmherzige Uhr im Hinterkopf zu haben. Viele meiner Patienten haben den Kontakt zu diesem Teil verloren und verstehen nicht, wie wichtig es für unser aller Stressabbau und dem Aufbau von Stressresistenz ist, ihn wieder zu erwerben. Sie wissen mit der Frage, welche Hobbys sie haben, nichts anzufangen, wissen nicht, wie wichtig die Momente sind, in denen wir uns selbst vergessen, indem wir beim Lesen ganz in eine Geschichte versinken, beim Basteln unsere Aufmerksamkeit nur auf das Werkstück richten oder vielleicht auch in der Meditation oder bei Achtsamkeitsübungen versuchen, die Gedankenspirale, die sich sonst unablässig in unserem Kopf dreht, einmal zur Ruhe zu bringen. So wie früher, wenn wir als Kinder im Gras lagen und in die Wolken schauten.

Dieser Zustand scheint für unsere Gesunderhaltung eine ebenso wichtige Rolle zu spielen wie der Schlaf. Im Prinzip geht es bei beidem wohl um das Gleiche: den Energiefresser Bewusstsein ab und zu mal auszuschalten und sozusagen auf den Wellen des Unbewussten zu surfen. Selbstvergessen.

Diesen Entspannungszustand erleben die unsicher-zerrissen gebundenen Kinder nur selten.

Viele Patienten haben mir erzählt, wie ungern sie nach Hause kamen.

Dass es Kindern mitunter mulmig ist, wenn sie nach Hause kommen, ist an sich noch nichts Dramatisches. Man bringt eine verheerende Note mit nach Hause, von der man ahnt, dass sie unter anderem damit zusammenhängt, dass man den Vorschlag der Eltern, sich vielleicht ein wenig auf den Test vorzubereiten, komplett ignoriert hat. Oder man hat gar die elterliche Unterschrift unter der Arbeit gefälscht und fürchtet nun, dass es rauskommt. Wovon hier allerdings die Rede ist, sind Elternhäuser, die man als Kind grundsätzlich mit einem unguten Gefühl betritt.

»Ich wusste nie, wie meine Mutter gerade drauf war«, erzählen mir solche Patienten beispielsweise. »In der Schule war es einfach, da gab es Regeln, an die man sich halten konnte. Das hat mir gefallen, deshalb hatte ich dort nie Probleme. Meine Mutter war komplett unberechenbar.«

10–20 Prozent der Kinder sind unsicher-zerrissen gebunden.

Wundern Sie sich nicht, wenn Sie beim Zusammenzählen am Schluss nicht auf 100 Prozent kommen. Da in unterschiedlichen Untersuchungen immer leicht abweichende Ergebnisse herauskommen, gibt es keine ganz exakten Zahlen, nur Tendenzen.

Die Auswirkungen dessen, was in dieser frühen Zeit geschieht, sind bei Weitem nicht nur psychischer Natur. So berichten Erwachsene, die sich als Kleinkind im *Fremde-Situation-Test* als unsicher-vermeidend oder unsicher-zerrissen gebunden erwiesen, sechsmal häufiger von körperlichen Beschwerden als die sicher Gebundenen. Sechsmal häufiger!

Für die Hirnforscher ist das nicht allzu schwer erklärbar, und Sie ahnen auch schon, womit es zusammenhängt. Ein so grundlegendes Bedürfnis wie den Wunsch nach Bindung unterdrücken zu müssen, bedeutet Stress. Je mehr Stress ein Kleinkind hat, je häufiger sein Wunsch nach Nähe zurückgewiesen wird, je häufiger es ungetröstet bleibt, desto höher sein Cortisolspiegel, und zwar dauerhaft.

Cortisol drosselt das Immunsystem. Dauerstress hat somit

einen Einfluss auf alle möglichen körperlichen Prozesse, unter anderem auf Blutgerinnung, auf den Erfolg von Impfungen und auf die Wundheilung. Außerdem führt er dazu, dass weniger Rezeptoren für Cortisol ausgebildet werden und dass infolgedessen Entzündungsreaktionen nicht mehr so effektiv heruntergefahren werden können. Wie die Studie einer amerikanischen Krankenversicherung ergab, kann es infolgedessen auch leichter zu Erkrankungen wie beispielsweise Rheuma kommen.

Menschen mit unsicheren Bindungserfahrungen, seien sie unsicher-vermeidend oder unsicher-zerrissen gebunden, haben es also schwerer im Leben, auch wenn es ihnen oft gelingt, im Berufs- und/oder Privatleben zumindest nach außen hin ein unauffälliges Leben zu führen. Schon im Kindergartenalter sind sie misstrauischer und unterstellen anderen leichter Ablehnung oder böswillige Absichten. (»Der mag mich nicht!«, »Der ist gemein!«) Sicher gebundene Kinder streiten sich nicht seltener, es fällt ihnen jedoch leichter, befriedigende Lösungen vorzuschlagen.

Auch später tun sich Menschen mit unsicheren Bindungserfahrungen schwerer im Umgang mit Verletzungen, Enttäuschungen, Verlassenwerden, aber auch mit Nähe. Generell ist es schwieriger für sie, sich selbst in angemessener Weise, also nicht mit Drogen oder anderen Liebes-Ersatzstoffen, zu trösten und gesund zu erhalten. Ihnen erklären zu wollen, dass sie nur ihre Einstellung ändern müssten, zeugt von Ignoranz, denn wir wissen ja inzwischen, wie wenig Kontrolle wir über das haben, was sich in unserem Unbewussten angesammelt hat. Die Lösung in sich selbst zu finden schafft das Unbewusste nicht.

Es gibt keinen Schalter, den man umlegen kann, damit eine solche Haltung sich ändert. Auch Psychotherapeuten müssen Geduld und Mühe investieren, bevor ein Patient beginnen kann, die Welt ein wenig anders wahrzunehmen. Es braucht Zeit, bis die neuen Verknüpfungen im Gehirn sich stabilisiert haben und die alten langsam den Rückzug antreten können.

Vielen Menschen ist das Thema der unsicheren Bindungen und ihrer möglichen Folgen unbehaglich, vor allem denen, die keine sichere Bindung erlebt haben. Sie ahnen, dass dies Spuren hinterlassen hat, vielleicht auch, dass sie selbst damit überfordert sind, dem eigenen Kind mehr und Besseres anzubieten, als sie selbst erfahren haben. Mitunter kommt dann etwas in der Richtung von: *Ich glaube nicht, dass man dem Kind einen Gefallen tut, wenn man ihm vorgaukelt, in der Welt sei alles Friede, Freude, Eierkuchen. Besser ist es doch, es kapiert so früh wie möglich, dass man hart sein muss, um da draußen überleben zu können.*

Will man Kindersoldaten produzieren, die ohne Regung töten, ist das die geeignete Erziehungsmethode. (Falls Ihnen dieses Beispiel allzu drastisch vorkommt, achten Sie einmal darauf, wie oft Sie im Fernsehen Kinder sehen, denen Erwachsene Waffen in die Hand gedrückt haben.)

Wünscht man sich hingegen einen Menschen, der fähig zum Mitgefühl, zur Empathie, mit sich selbst und anderen ist, ist sie es nicht.

Zum einen zeigen sich in dieser Argumentation bereits die Auswirkungen mangelnder Bindung. Hier ist jemand, der nicht begreift, dass er mit seiner Haltung gerade die Welt schafft und aufrechterhält, die er selbst als feindselig erlebt. Zum anderen ist das auch aus medizinischer Sicht eben schlicht und einfach Schwachsinn. Ich bereite mein Kind am besten auf die harte und raue Welt vor, indem ich seinen Cortisolspiegel erhöhe und damit sein Immunsystem schwäche?

Bevor wir uns die letzte Bindungsform anschauen, schnaufen wir kurz durch und entspannen uns bei einer kleinen Werbeunterbrechung.

Zwischendurch ein Ü-Ei

Vielleicht haben Sie im Werbefernsehen schon einmal den Spot gesehen, bei dem Kindern ein Spiel-Spannung-und-was-Süßes-Ei (Sie wissen, was ich meine) hingelegt und ihnen ein zweites Ei in Aussicht gestellt wird, wenn sie es schaffen, es nicht aufzuessen, bis die nette Dame wiederkommt. Es geht also darum, ob es ihnen gelingt, den Impuls *HABEN! AUF-REISSEN! GUCKEN, WAS DRIN IST! ESSEN!* zu kontrollieren.

Man könnte auch sagen, ihr bewusster Teil kämpft zum einen gegen ihre natürliche Neugier, zum anderen gegen einen früher für alle Menschen überlebensnotwendigen Instinkt, nämlich den, auf der Stelle zu essen, wenn etwas da ist, weil man schließlich nie weiß, wann es wieder etwas gibt.

Die Ü-Ei-Situation ist eine der Gelegenheiten, in denen unser bewusster Teil die Chance hat, mal gegen das Unbewusste zu gewinnen, indem er Impulskontrolle ausübt und sagt: *Du brauchst nur abzuwarten, dann kriegst du hinterher das Doppelte.*

Das klappt allerdings nur, wenn das Unbewusste sein Okay dazu gibt und bestätigt: *Stimmt, mein Datenmaterial besagt auch, wenn Leute etwas versprechen, dann halten sie es im Allgemeinen auch.*

Bei diesem Werbespot handelt es sich um eine Variante eines uralten, genauer gesagt vierzig Jahre alten psychologischen Versuchs, der damals mit Vierjährigen auf der einen und Marshmallows auf der anderen Seite durchgeführt wurde. Das Interessante dabei war dann allerdings das Ergebnis der Langzeitstudie, bei der die kleinen Versuchspersonen in Abständen wieder untersucht wurden. Es stellte sich heraus, dass *die* Kinder, denen es gelungen war, der Verlockung der Marshmallows zu widerstehen, später den Uniaufnahmetest besser bestanden, gesünder waren und glücklicher verheiratet.

Nicht, dass Sie das jetzt auf falsche Ideen bringt. Fälschlicherweise könnte man nun annehmen, die ganze scheinbare Verwöhnerei, die die Bindungsforscher predigen, räche sich später im Leben, und letzten Endes seien doch *die* Kinder die Gewinner, denen man schon früh Disziplin einbimse. Aber hatten wir vorhin nicht gelernt, dass das mit der Disziplin nichts bringt?

Vor einiger Zeit wurde viel über das Buch einer chinesischstämmigen Amerikanerin diskutiert, die darauf schwor, ihre Töchter mit Strenge und Strafen zum Erfolg zu trimmen, also eine sogenannte Tigermutter. Das rief natürlich wiederum die Psychologen auf den Plan, die das genauer unter die Lupe nahmen und herausfanden: Die ganze Tigerei bringt unter dem Strich absolut nichts.

Eher erreicht man damit sogar das Gegenteil. Eine besonders strenge Erziehung produziert ängstliche Kinder, die sich oft nicht trauen, die Wahrheit zu sagen. Wer lernt, dass man mit der Unwahrheit weiter kommt als mit Ehrlichkeit, entwickelt sich irgendwann möglicherweise zum Betrüger. Die Wahrscheinlichkeit ist also höher, dass ein solches Kind später einmal mit einem Skandal um eine gefälschte Doktorarbeit in der Zeitung steht als damit, dass es den Nobelpreis entgegennimmt.

Die Kinder der Eltern mit weniger rabiaten Erziehungsmethoden verspüren zwar verständlicherweise einen geringeren Leidensdruck, dennoch haben sie die besseren Noten. Außerdem sind sie seltener depressiv, was ja nun schon fast banal anmutet, denn wir wissen: Weniger Druck, weniger Stress, weniger Cortisol, weniger Chancen für eine Depression. Selbst die Kinder von Eltern, die ihrem Nachwuchs nur wenig Liebe und Unterstützung anbieten, sind immer noch besser in der Schule und weniger depressiv als die, die viel Druck bekommen.

Zu wenig Druck ist also in der Regel eher nicht der Grund, wenn Junior in der Schule nix tut. Es ist eher davon auszugehen, dass er entweder zu viel Druck gekriegt oder zu wenig Unterstützung erfahren hat, was im Prinzip aufs Gleiche hinausläuft. Wichtig in diesem Zusammenhang ist auch die Tatsache, dass unser Gehirn erst im frühen Erwachsenenalter in der Lage ist, auch negatives Feedback einigermaßen nutzbringend zu verarbeiten. Die Hirnregionen, die für das Lernen zuständig sind, sind beispielsweise bei acht- bis neunjährigen Kindern nur dann aktiv, wenn sie gelobt werden.

Noch einen weiteren möglichen Irrtum möchte ich bei der Gelegenheit ausräumen. Man könnte annehmen, die Kinder, die im Marshmallowtest mehr »Willensstärke« bewiesen und damit auch später im Leben erfolgreicher waren, seien schon mit dieser Eigenschaft auf die Welt gekommen. Vor vierzig Jahren steckte die Bindungsforschung noch in den Kinderschuhen und war ein nur wenig beachteter Forschungszweig. Heute sind ihre Ergebnisse allgemein anerkannt, und man versucht, auch eine Eigenschaft wie Selbstkontrolle unter dem Aspekt zu betrachten, welchem Bindungstyp die Kinder angehören. Neuere Forschungen haben tatsächlich gezeigt, dass Kinder, die mehr Vertrauen erwerben durften, also die sicher Gebundenen, im Test besser abschneiden. Sie schaffen es, den Verlockungen der Marshmallows im Schnitt zwölf Minuten länger zu widerstehen als Kinder, die weniger Vertrauen mitbringen. Wenn ich gelernt habe, dass die Welt ein zuverlässiger Ort ist, kann ich mich darauf verlassen, dass etwas, das mir versprochen wurde, auch gehalten wird. Habe ich diese Erfahrung nicht gemacht, rät mein Unbewusstes mir eher: *Nimm, was du kriegen kannst. Wer weiß, ob es nachher noch da ist.*

Eine weitere, für die Hirnforschung interessante Erkenntnis des Marshmallowtests war übrigens, dass es keinen Sinn hat, Versuchungen durch Willenskraft widerstehen zu wollen. Das Einzige, was funktioniert, ist Ablenkung. Denn das ist eine der Eigenschaften unseres so energieverschlingenden und darum nur stark eingeschränkt arbeitenden Bewusstseins: Es kann sich immer nur auf eins konzentrieren. Entweder auf Marshmallows. Oder auf etwas anderes.

Übrigens, aber das nur am Rande: Die Tatsache, dass wir uns immer nur auf eine Sache konzentrieren können, bereitet auch dem Mythos vom Multitasking ein jähes Ende. Es war ja schon lange bekannt, dass Männer angeblich nicht so multitaskingfähig sind. Die neue Erkenntnis ist lediglich: Frauen sind es auch nicht. Weil unser Gehirn *so* eben nicht funktioniert. Nach neueren Erkenntnissen können wir gerade mal vier Dinge aufnehmen, beispielsweise vier Aspekte einer Idee, vier Passagen eines Texts. Danach ist der Arbeitsspeicher unseres Gehirns schon voll, und wir werden unaufmerksamer. Selbst wenn wir uns auf etwas direkt konzentrieren, ist unsere Gehirnleistung – zumindest in der bewussten Abteilung – also nicht gerade berauschend. Multitasking würde bedeuten, sich auf mehrere Dinge gleichzeitig konzentrieren zu können. Die Wahrheit ist, dass wir zwar zwischen verschiedenen Dingen hin und her switchen können, dass dabei allerdings viel verloren geht, was bei der Konzentration auf nur eine Sache wesentlich besser behalten werden könnte.

Falls Sie wie viele Menschen darauf beharren, es gelinge Ihnen ganz wunderbar, beim Autofahren zu telefonieren oder gar zu simsen, kann ich dazu nur sagen: Des Menschen Glaube ist sein Himmelreich. Es gibt schließlich auch Leute, die an Horoskope glauben oder daran, dass die Regierung die Tatsache geheim hält, dass regelmäßig Außerirdische auf der Erde notlanden.

So dürfen Sie auch glauben, dass das Autofahren Ihre Aufmerksamkeit bei einem geschäftlichen Telefonat nicht beeinträchtigt, ja nicht einmal das Telefonieren Ihre Aufmerksamkeit beim Fahren. Die Hirnforscher behaupten zwar, dass das Quatsch ist, aber was wissen die schon davon, dass Ihr Gehirn offenbar vollbringen kann, wozu das des Durchschnittsmenschen nicht in der Lage ist.

Manche Menschen glauben ja heute noch, sie müssten sich beim Autofahren nicht anschnallen. Statt ihnen mit einem Physiklehrbuch so lange auf den Kopf zu schlagen, bis sie den Impulserhaltungssatz fehlerfrei aufsagen, braucht man sie nur unangegurtet in ein Auto auf einer schrägen Ebene zu setzen, das dann gemütlich mit 25 Stundenkilometern auf ein Hindernis zurollt. Schon haben sie den Glauben an die Naturgesetze zurückgewonnen.

Noch mal für die, die wissen wollen, wie es bei uns Normalos aussieht, die wir nicht über die Superheldengabe des Multitasking verfügen: Beim Wechsel zwischen zwei Tätigkeiten gehen immer Informationseinheiten verloren. Deshalb reagieren Menschen in der Regel auch aggressiv auf häufige

Unterbrechungen oder Störungen am Arbeitsplatz, wenn sie sich gerade auf eine Aufgabe konzentrieren müssen. Es dauert eben sehr viel länger, sich nach einer Unterbrechung die Dinge, die noch nicht vom inneren Arbeitsspeicher auf die Festplatte gelangt und deshalb gelöscht sind, wieder herzuholen. Großraumbüros werden aus diesem Grund in der Regel nur von denen geliebt, die sie am grünen Tisch entwerfen, und natürlich von denen, die sich eh lieber ablenken lassen als konzentriert zu arbeiten.

Was also lehrt uns der Marshmallowtest?

Wenn es uns gelingt, an etwas anderes zu denken als an das, worauf wir gerade scharf sind, was wir aber nicht bekommen können (oder was wir aus anderen Gründen besser meiden sollten), erleichtert das unser Leben ganz ungemein. Es bewahrt uns unter anderem davor, Dinge zu stehlen, und davor, Menschen zu stalken. Dafür aber benötigen wir wiederum Impulskontrolle, die etwas ganz anderes ist als Disziplin.

Disziplin ist der Versuch unseres bewussten Teils, dem Unbewussten seinen Willen aufzuzwingen, obwohl das Unbewusste viel besser weiß, was gut für unseren Körper und unsere Psyche ist. Schließlich verfügt es nicht nur über alle unsere Erinnerungen, sondern auch über die aktuellsten Daten aus unserem Körperinneren.

Impulskontrolle hingegen bedeutet, dass wir gelernt haben, mit unseren Gefühlen, die zu Beginn unseres Lebens überwältigend groß sind, so umzugehen, dass sie uns eben möglichst nicht mehr überwältigen. Das ist etwas, das wir vor allem im ersten halben Jahr noch nicht allein zustande bringen können. Nur im engen, verlässlichen Kontakt mit einer Bindungsperson können wir begreifen, dass Gefühle keine

Naturkatastrophen sind, denen wir hilflos ausgeliefert sind, sondern dass sie Ursachen haben und wir lernen können, sie auszuhalten und uns selbst zu beruhigen.

Bis hierhin haben wir uns noch immer in einem Bereich aufgehalten, in dem das, was Menschen in ihrem allerersten Lebensabschnitt gelernt haben, was also den Grundbestand ihrer inneren Archive ausmacht, sie einigermaßen ausreichend ausstattet, um durchs Leben zu kommen. Den sicher gebundenen Kindern wird das gut gelingen, den unsicher gebundenen zumindest noch einigermaßen oder phasenweise.

Allerdings unterscheiden die Bindungsforscher noch eine weitere Bindungsform, die sich schon sehr früh recht deutlich auswirken kann.

Darüber mehr im nächsten Kapitel.

Die dunkle Seite

Erlebt eine Mutter in der Schwangerschaft viel Stress, erhöht sich nicht nur ihr Stresshormonspiegel, sondern auch der ihres Kindes, und zwar dauerhaft. Bei den Patienten, die mit Problemen zu mir kommen, die nicht erst seit einigen Monaten oder Jahren existieren, sondern die sie praktisch schon ein Leben lang mit sich herumschleppen, kann ich mich fast schon darauf verlassen, dass bereits ihre Ankunft auf der Welt (und die Zeit davor) überschattet war. Ich weiß nicht, wie oft ich in solchen Fällen gehört habe, die Mutter sei vom Vater des Patienten oder der Patientin während der Schwangerschaft in den Bauch getreten oder geboxt worden. In einer Beziehung, in der vorkommt, was die meisten Menschen fassungslos macht, ist so ein Verhalten kein Einzelfall, sondern es herrschen durchgängig Streit und Gewalt. Vor der Geburt, nach der Geburt und oft so lange, bis die Kinder alt genug sind, zurückzuschlagen, abzuhauen oder endlich auszuziehen.

Damit kommen wir zur letzten Bindungsform.

Die haltlose Bindung

Von Fachleuten wird diese Form als *desorganisierte Bindung* bezeichnet. Hierbei handelt es sich meist um Kinder aus Problemfamilien, die schon früh Vernachlässigung oder Misshandlung erleben mussten. Viele dieser Eltern sind psychisch schwer gestört oder leiden unter massiven Suchtproblemen. Es handelt sich um eine Steigerung dessen, was wir vom unsicher-zerrissenen Bindungsstil kennen. Auch bei der haltlosen Bindung können die Kinder sich von klein auf nicht auf ihre Eltern verlassen, allenfalls darauf, dass sie nicht nur unzuverlässig und unvorhersagbar in ihren Reaktionen sind, sondern dazu noch ausgesprochen beängstigend.

Kleine Kinder müssen glauben, dass ihre Eltern alles richtig machen, sonst würden sie sich ungeschützt fühlen, und ihre Angst wäre für sie nicht auszuhalten. Das führt dazu, dass Kinder sich selbst dann noch oft verzweifelt wehren, wenn Mitarbeiter des Jugendamts kommen, um sie aus einer Familie zu holen, in der es nichts gab außer Verwahrlosung und Misshandlung. Unser Bindungsverlangen ist so absolut, dass wir uns auch an die binden, die uns schaden oder sogar dauerhaft schädigen.

Bei dieser Bindungsform handelt sich nicht um durchgängig abweisendes Verhalten der Eltern, nicht einmal um eins, das unvorhersehbar oder verwirrend ist. Es handelt sich, auf die eine oder andere Weise, um ein Verhalten, das schon einem sehr kleinen Kind schlicht und einfach Angst macht. Nicht nur Gewalt ängstigt Kinder. Es gibt einen psychologischen Versuch, der dem *Fremde-Situation-Test* gleicht, der allerdings schon bei sehr viel kleineren Kindern im Alter zwischen drei und sechs Monaten angewendet wird: der sogenannte *Still-Face-Test*. Er besteht lediglich darin, dass das Baby vor der Mutter in einem Babysitz auf dem Tisch steht. Nachdem sie sich einige Zeit mit ihm beschäftigt hat, bekommt sie von der Psychologin die Anweisung, eine Minute völlig still zu verharren, ohne sich zu bewegen oder auch nur eine Miene zu verziehen. Die Kinder reagieren darauf ausgesprochen irritiert, viele beginnen zu weinen oder zu schreien.

Wir wissen, dass das Kind zum einen die Spiegelung der eigenen Gefühlszustände im Gesicht der Mutter sucht, um sie begreifen und später auch einen Namen dafür finden zu können. Außerdem wendet es sich an die Mutter, wenn eine Situation ihm schwer einschätzbar erscheint, wie beispielsweise: *Ist der Wauwau gefährlich oder kann man ei, ei machen?* Der Gesichtsausdruck der Mutter entscheidet diese und andere Fragen, lange bevor Worte verstanden werden.

Nicht nur Gewalt und ständiger Streit sind für ein Kind extrem belastend. Auch eine Mutter, die in Wahnvorstellungen lebt oder schwer depressiv ist, ist es, vor allem wenn dies dazu führt, dass sich in ihrem Gesicht keine sinnvollen Informationen über die Welt ablesen lassen.

Wenn ein Kind schon mit deutlichem Unmut bis hin zu Schreien darauf reagiert, wenn die Mutter nur eine Minute lang weder eine Reaktion auf sein Verhalten zeigt noch ihm hilft, äußere Reize einzuordnen, kann man sich ausmalen, wie es sich auswirken muss, wenn es diese Leere dauerhaft zu ertragen hat.

Für ein haltlos gebundenes Kind ist die Welt kein Ort, an dem es Liebe und spannende Dinge zu entdecken gibt, sondern eher ein Ort des Schreckens.

Im *Fremde-Situation-Test* verhält ein solches Kind sich ausgesprochen eigenartig, indem es etwa beginnt, sich im Kreis zu drehen, hin und her zu schaukeln oder in seinen Bewegungen plötzlich zu verharren, als hätte jemand die Pausentaste gedrückt. Es ist anzunehmen, dass es schon früh gelernt hat, sich auf diese Weise wenigstens ein bisschen selbst zu beruhigen. Natürlich sind auch seine Cortisolwerte immens hoch. Mitunter reagieren diese Kinder sogar mit starker Angst auf die Wiederkehr der Bezugsperson. Stellen Sie sich ein Kind vor, das bereits mit ein oder eineinhalb Jahren Angst vor der eigenen Mutter haben muss!

Als Ursache solch schwieriger Eltern-Kind-Beziehungen gehen Forscher unter anderem davon, dass die Tatsache, ein Kind zu haben und mit ihm umzugehen, unbewusste Erinnerungen an die eigene frühe Kindheit weckt. Da diese bei den betreffenden Eltern jedoch ebenfalls durchgängig unerfreulich oder beängstigend sind, zeigen sie entweder für das Kind beunruhigende Zeichen von Verunsicherung oder sie wiederholen im Kontakt mit dem Kind, was sie selbst erlebt haben. So kann das Schreien des Kindes unbewusste Erinnerungen an eigenes Schreien auslösen und an alles, was damit verbunden war – und was in diesen Fällen eben nichts mit Trost und Hilfe, sondern vielmehr mit weiterem Schrecken zu tun hatte. Das Kind wird als Auslöser der unangenehmen Gefühle gesehen, die nicht verarbeitet werden können, und das Unbewusste hat nichts anderes gespeichert als unzählige Verknüpfungen, die besagen: Kindergeschrei führt zu Schlägen.

Misshandelte Kinder weisen zu 90 Prozent einen haltlosen Bindungsstil auf.

Ein Zeichen hierfür ist auch die deutlich erhöhte Aggressivität dieser Kinder. Hiermit beginnt ein tragischer Teufelskreis. Obwohl gerade diese Kinder besonders viel Zuwendung bräuchten, sind sie durch ihre frühen Verhaltensauffälligkeiten, die sich häufig schon im Kindergarten zeigen, bei Erziehern wie bei Gleichaltrigen ausgesprochen unbeliebt.

Selbst wenn sie früh in Pflege- oder Adoptivfamilien oder ein Heim kommen und dort bessere Erfahrungen machen, zeigen sie dennoch mitunter schwere Auffälligkeiten. Erschreckenderweise macht diese Gruppe laut Auswertung zahlreicher internationaler Studien etwa 15 Prozent der Kinder aus, was nicht wirklich erstaunt, wenn man an den UNICEF-Report denkt. Das heißt, fast jedes sechste Kind wächst in Verhältnissen auf, die nicht nur einfach ungedeihlich, sondern schlicht katastrophal sind.

Als Erwachsene haben diese Kinder ein erhöhtes Risiko, Persönlichkeitsstörungen zu entwickeln wie beispielsweise ein sogenanntes Borderline-Syndrom, das sich durch extreme Stimmungsschwankungen zeigt sowie durch selbstverletzendes Verhalten und das Eingehen destruktiver Beziehungen.

Erinnern Sie sich, was ich über die Menschen geschrieben habe, die sich selbst verletzen, weil sie sich von überwältigend negativen Gefühlen überschwemmt fühlen? Wir alle haben schon einmal erlebt, wie es ist, wenn ein Baby verzweifelt und untröstbar schreit. Auch Erwachsene erleben Situationen, in denen sie verzweifelt sind, Schlimmes verkraften müssen oder etwas als ausweglos empfinden. Trotzdem haben wir gelernt, auch mit solchen Situationen fertigzuwerden und diesen Gefühlen gegenzusteuern. Menschen, die sich selbst verletzen, haben das nicht lernen dürfen. Sie werden von negativen Gefühlen mit der gleichen Wucht getroffen, wie das bei einem sehr kleinen Kind der Fall ist.

In einer Langzeituntersuchung von haltlos gebundenen Kindern stellte sich heraus, dass sie sich erheblich schlechter konzentrieren konnten als sicher gebundene Kinder und dass ein Großteil von ihnen mit siebzehn Jahren auf dem geistigen Leistungsstand von Neunjährigen waren.

Kleine Kinder lernen am besten in einem guten Kontakt, denn das regt die Gehirnzellen am stärksten an, sich zu verknüpfen. Wiederholte traumatische Erfahrungen führen hingegen dazu, dass die Signale, die diese Verknüpfungen anregen, durcheinandergeraten, was zu Defiziten in der Lernfähigkeit führt. Auch Sie kennen sicher aus Ihrer Grundschulzeit Mitschüler, die zu diesen beeinträchtigten Kindern gehörten.

Zudem sind die haltlos gebundenen Kinder am wenigsten imstande, sich in andere Menschen hineinzuversetzen, beispielsweise eine Frage zu beantworten wie »Was denkt die Person auf diesem Bild?« Man kann sich gut vorstellen, wie sich allein aus diesem Grund die Probleme geradezu zwangsläufig in die nächste Generation fortsetzen. Schließlich ist die Voraussetzung sicherer Bindung vor allem die Fähigkeit der Hauptbezugsperson, zu verstehen, was in einem Kind vor sich geht. So neigen Mütter, die als Kind eine haltlose Bindungserfahrung machten, auch dazu, einem schreienden Kind nicht ein Bedürfnis zu unterstellen, das von ihnen behoben werden kann und muss, sondern beispielsweise anzunehmen, das Kind wolle sie nur ärgern.

So also prägen die frühen Bindungserfahrungen durch Verknüpfungen unsere inneren Archive, die Basis dessen, was unsere Entscheidungen ausmacht.

Das Archiv der sicher Gebundenen besagt im Prinzip: *Die meisten Menschen sind nett.*

Das der unsicher-vermeidend Gebundenen: *Auf Menschen kann man sich nicht verlassen.*

Das der unsicher-zerrissen Gebundenen: *Menschen sind unberechenbar.*

Das Archiv der haltlos Gebundenen besagt demnach: *Menschen sind bedrohlich.*

Es gibt eine Unterform der haltlos Gebundenen, deren Archiv besagt: *Menschen sind feindselig. Schlag zurück.*

Bei Menschen, die in irgendeiner Weise straffällig werden, wurde schon lange beobachtet, dass es in ihrem Leben durchgängig bereits früh einen Mangel an Liebe, Geborgenheit, Unterstützung und Anerkennung gab. Haltlos gebundenen Kindern mit Gewalterfahrungen erscheint die Welt als feindselig und nicht kontrollierbar, was sie selbst ebenfalls oft schon früh feindselig und aggressiv werden lässt. Im Erwachsenenalter fehlt ihnen dann der Teil des Unbewussten, der sich – nach dem Vorbild der beruhigenden Mutter früher – in Krisensituationen einschaltet und vermittelt: *Jetzt ist es schlimm. Aber es kann wieder besser werden. Du musst jetzt unbedingt erst mal runterkommen. Ich schlage vor: Atme tief durch, dreh eine Runde um den Block oder vertrimm deinen Sandsack.*

Straftäter nehmen die Welt schon früh als feindseligen Ort wahr. Weil sie selbst in ihrer Familie ohnmächtig waren, haben sie nie die Erfahrung gemacht, dass sie etwas bewirken und gut für sich sorgen können. So werden beispielsweise auch die Ermahnungen von Lehrern von ihnen nicht als Anstoß gesehen, etwas zu verändern, sondern die Lehrer selbst werden für sie zu einem Teil der feindseligen Umwelt, was auch Amokläufe an Schulen erklären könnte. Es hat sich übrigens gezeigt, dass diese jungen Täter nicht häufiger gemobbt wurden als andere Schüler. Sie nehmen es lediglich so wahr, denn die frühen Erfahrungen verzerren ihre Sicht der Welt.

Wer sich als Kind absolut wertlos fühlen musste, träumt häufig davon, eines Tages zu denen zu gehören, die Macht über andere haben, die über Leben und Tod entscheiden und denen niemand mehr etwas anhaben kann. Der Aspekt der Selbstüberhöhung von Menschen, die ursprünglich machtlos waren, findet sich auch bei anderen, oft nur scheinbar politisch motivierten Straftaten.

Wer von klein auf nichts als Gewalt und Verachtung kennengelernt hat, wird früh gelernt haben, dass es sicherer ist, sich auf die Seite der Stärkeren zu schlagen und darüber hinaus vielleicht sogar zum ersten Mal in seinem Leben ein Gefühl von Zugehörigkeit und Zusammenhalt erleben. Als Jugendlicher findet er Halt dort, wo ihm zudem ein neues Weltbild angeboten wird, das lautet: *Nicht du bist der Wertlose, die anderen sind es.*

Ein Kind, das eine sichere Bindung erfahren durfte, hat, sobald es laufen kann, zunehmend den Wunsch, diese »Basisstation« zu verlassen und die Welt zu erkunden, im Wissen, dass es jederzeit zurückflüchten kann, wenn es draußen bedrohlich wird. Menschen, die die Erfahrung dieses sicheren Hafens nicht gemacht haben und in der Folge auch keine Neugier auf die Welt und ihre Vielfalt entwickeln konnten, lehnen nicht nur Ausländer oder »Ungläubige« ab, sondern nehmen alles Fremde und Unbekannte als bedrohlich wahr. Der bereits erwähnte Satz »Was guckst du?« ist ja schon zum geflügelten Wort geworden.

An dieser Stelle etwas zur Rolle des Vaters bei der ganzen Bindungsgeschichte. Sicher sind Sie der Meinung, dass er bisher sträflich vernachlässigt worden ist.

Das liegt daran, dass beim Betrachten der ersten Lebensjahre die Mutter im Mittelpunkt steht, denn nur in einer verschwindend kleinen Zahl von Familien ist der Vater derjenige, der sich in dieser Zeit hauptsächlich um das Kind kümmert. Den Forschern steht für diese Fälle meist einfach nicht genug Datenmaterial zur Verfügung.

Beim *Fremde-Situation-Test* mit Kleinkindern und ihren Vätern ergaben sich aber im Prinzip die gleichen prozentualen Anteile, was die Bindungsformen betrifft. Auch an die Väter sind die meisten Kinder also sicher gebunden.

Da die Mutter in der Regel die Hauptbezugsperson ist, scheint die Rolle des Vaters allerdings eine etwas andere zu sein. Während bei der Mutter vor allem die Feinfühligkeit wichtig ist, ist es beim Vater offenbar das, was Forscher die *väterliche Spielfeinfühligkeit* nennen. Vereinfacht könnte man sagen: Die Mutter ist für die Sicherheit verantwortlich, der Vater für die Neugier auf Neues. Also sozusagen Innen- und Außenminister.

Spannend wird die Welt für uns allerspätestens dann, wenn wir imstande sind, eigenständig vom Schoß der Mama zu rutschen und uns allein fortzubewegen. Diese Neugier auf die Welt ist in uns angelegt und dient dazu, dass wir uns selbst fortentwickeln, später möglicherweise auch dazu, die Welt ein bisschen besser oder schöner zu machen, indem wir medizinische Geräte entwickeln oder Mode entwerfen. Viele Leute haben die Vorstellung, eigentlich sei der Mensch von Natur aus faul und müsse sich durch stetige Disziplin, Willenskraft und regelmäßige Tritte in den Allerwertesten immer wieder dazu animieren, morgens oder spätestens mittags auch nur das Bett zu verlassen. (Eine lustige Vorstellung, wie wir jetzt wissen.) Und so kommen immer wieder Menschen zu mir und beklagen sich darüber, dass sie faul seien. Nein, Faulheit ist nicht in uns angelegt. Man hört Eltern selten darüber klagen, ihr Kleinkind sei sonntagmorgens nicht aus dem Bett zu kriegen. Später, in der Pubertät, ist das der Fall, was allerdings damit zusammenhängt, dass sich der Tag-Nacht-Rhythmus von Jugendlichen selbst dann verschiebt, wenn sie nicht nächtelang durchfeiern. Beklagen Erwachsene sich über die angeblich in ihnen fest angelegte Faulheit, so ist irgendetwas schiefgelaufen. Vielen Kindern wird ihre natürliche Neugier auf die Welt schon früh abtrainiert. Ich erinnere an meine so unterschiedlichen Erlebnisse in der Straßenbahn, einmal die Mutter, die die Neugierimpulse ihres Kindes unterstützte und bestärkte, und einmal die Mutter, die desinteressiert dabeistand und mit anderen Dingen beschäftigt war. Rechnen wir das auf vierundzwanzig Stunden hoch und nehmen es mal achtzehn Jahre, dann können wir uns gut vorstellen, dass da Menschen mit sehr unterschiedlicher Lust auf die Welt und das Leben herauskommen. Das ist die eine, am weitesten verbreitete Möglichkeit, wie wir den Kontakt zu dem Entdeckerteil in uns verlieren können.

Eine andere ist eine überängstliche Mutter, die jeden Schritt hinaus in die Welt (und von ihr weg) mit Warnlauten kommentiert und die selbst beim liebevollsten und fürsorglichsten Vater der Meinung ist, er schade dem Kind, weil er es nicht in ganz so viele Watteschichten packe wie sie. Dabei hat der Vater durchaus den Segen der Psychologen, die der Meinung sind, die Begegnung mit zumindest einem gewissen Grad an Gefahren sei für Kinder notwendig, um Risiken besser einschätzen zu können und übertriebene Ängste abzubauen.

Wenn ich versuche herauszufinden, wie die Eltern meiner Patienten mit den Ängsten ihrer Kinder umgegangen sind, stelle ich oft die Frage nach dem Keller.

Die meisten, wenn nicht alle, Kinder haben Angst, alleine in den Keller zu gehen. Mit dieser Angst – wie mit vielen anderen – können Eltern unterschiedlich umgehen.

Sie können sagen: »Stell dich nicht so an, du gehst da

jetzt runter.« (Meist sind das Eltern, die selbst schon Eltern mit wenig Einfühlungsvermögen hatten und die deren Erziehungsverhalten mehr oder weniger unbewusst wiederholen.)

Sie können sagen:»Nein, mein Schatz, wenn du Angst davor hast, musst du nicht.« (Meist sind das Eltern, die selbst schon Eltern mit wenig Einfühlungsvermögen hatten, und die irgendwann – mehr oder weniger bewusst – beschlossen haben, alles völlig anderes zu machen. Und die damit neue Fehler produzieren.)

Oder sie können sagen:»Komm, wir gehen zusammen runter. Wir gucken uns alles in Ruhe an. Dann stell ich mich auf die Hälfte der Kellertreppe, und du kannst noch mal allein hinuntergehen. Aber ich bleib da stehen, darauf kannst du dich verlassen.« (Was sie dann natürlich auch auf jeden Fall tun sollten.)

Den meisten Menschen ist unmittelbar einleuchtend, dass die dritte Methode die beste ist. Die Psychologen stimmen ihnen darin zu. Sie gehen davon aus, dass Ängste am besten bewältigt werden können, wenn man sich mitunter auch verunsichernden, herausfordernden Situationen aussetzt. Nur dadurch bekommt man mit der Zeit eine Art innerer Landkarte, auf der verzeichnet ist, was man sich gut zutrauen kann und was man besser sein lässt. Wer nie etwas ausprobiert, für den bleibt alles gefährlich, selbst manches, was einfach nur Spaß macht. Wer gezwungen wird, die innere Stimme zu ignorieren, die ihn vor Gefahren warnt, verliert entweder den Kontakt zu ihr und bringt sich unnötig in Gefahr, oder aber er wird eine kindliche Angst auch in Situationen beibehalten, vor denen ein Erwachsener sich normalerweise nicht fürchtet.

Eltern sollten ihren Kindern also Sicherheit bieten, sie

zugleich aber auch ermutigen, sich Herausforderungen zu stellen, statt sie vor allem zu behüten und ihnen jedes Steinchen aus dem Lebensweg zu räumen.

Kinder mit einer sicheren Vaterbindung haben ein besseres Selbstvertrauen und tun sich leichter mit Freundschaften und später mit Partnerschaften. Wenn der Vater also unter anderem die Aufgabe hat, dem Kind beizubringen, wie schön und spannend die Welt draußen ist, verwundert es nicht, dass bei der wissenschaftlichen Untersuchung von Täterbiografien immer wieder von nicht vorhandenen oder desinteressierten Vätern die Rede ist. Jungen bilden mit viel höherer Wahrscheinlichkeit als Mädchen eine haltlose Bindung aus, wenn der Vater nicht vorhanden ist.

Um Missverständnissen vorzubeugen: Natürlich kann auch ein alleinerziehendes Elternteil ein Kind in einer sicheren Bindung mit dem ausstatten, was es braucht, um ein glücklicher und gesunder Erwachsener zu werden, sowohl mit dem Gefühl der Geborgenheit als auch mit Neugier auf die Welt. Gefährlich – sogar brandgefährlich – wird es allerdings häufig dort, wo eine Mutter einem Jungen lediglich eine haltlose Bindung anbieten kann und kein Vater da ist, der dem etwas entgegenzusetzen hat.

Noch einem weiteren Missverständnis möchte ich entgegenwirken: Es geht gewiss nicht um Mitleid mit den Tätern. Auch ich finde es unerträglich, wenn ich höre, dass ein Täter sich wieder der Freiheit erfreut, dies vielleicht noch mit Freunden und Angehörigen feiert und davon ausgeht, damit sei die Sache für ihn erledigt, während sein Opfer oder dessen Angehörige noch immer leiden, häufig ein Leben lang. Auch ich empfinde dies als falsch und ungerecht.

Ich habe keine Lösung dafür, außer: Wir sollten noch viel mehr tun, um zu verhindern, dass die Psyche kleiner Kinder so verbogen wird, dass Erwachsene dabei herauskommen, die andere Menschen schwer traumatisieren oder sogar töten.

Nun möchten Sie sicher erst einmal eine Pause machen und Ihrem Unbewussten die Möglichkeit geben zu entscheiden, was es mit all dem Erfahrenen anfangen möchte.

Ich verspreche Ihnen: Die restliche Wegstrecke wird wieder weniger anstrengende Abschnitte haben und dafür erfreulichere Ausblicke bieten.

Vor allem werden wir sehen, wie wir nicht nur in den eigenen inneren Archiven aufräumen können, sondern wie wir unter Umständen dazu beitragen können, selbst Kindern, denen wir nur ein einziges Mal begegnen, Nützliches in deren Archiv zu packen.

Fluch und Erlösung

Die zwölfte Fee

Zu Dornröschens Taufe luden ihre Eltern, wie im Märchen bei Königskindern üblich, die Feen des Reiches ein, damit sie das Kind mit guten Gaben ausstatten sollten, Schönheit, Reichtum, Glück und allem, was sonst noch dazugehört. Leider hatte man nur zwölf goldene Teller, im Land lebten aber dreizehn Feen. Außerdem hielt man diese Zahl für Unglück verheißend und lud die dreizehnte Fee deshalb aus. Die tauchte, nachdem bereits elf Feen der kleinen Prinzessin ihre guten Wünsche ausgesprochen hatten, uneingeladen und ungehalten auf und verfluchte das Kind dahingehend, es solle sich an seinem fünfzehnten Geburtstag an einer Spindel stechen und tot umfallen. Die zwölfte Fee, die ihre Segenswünsche noch nicht ausgesprochen hatte, konnte diesen Fluch nicht aufheben, sondern ihn lediglich abmildern. Sie konnte zumindest dafür sorgen, dass Dornröschen sich durch den Stich nicht tödlich verletzte, sondern mitsamt dem ganzen Schloss in einen hundertjährigen Schlaf fiel.

Diese Hoffnung bleibt denen, die nicht das ungeheure und genau betrachtet auch launische und ungerechte Glück hatten, in einer sicheren Bindung aufzuwachsen. Viele erfahren schon als Kinder, dass eine solche zwölfte Fee ihren Lebensweg kreuzt, die etwas, das wie ein Fluch erscheint, zwar ebenso wie im Märchen von Dornröschen nicht aufheben, aber zumindest mildern kann. Sie kann in der Gestalt einer Tante erscheinen, eines Onkels, eines Großvaters oder einer Großmutter, einer Lehrerin, eines Sozialarbeiters oder der Mutter eines Schulkameraden, mitunter auch in der Gestalt älterer Geschwister, mit denen man sich schon früh darauf einigen kann, dass die Alten einen Schuss haben.

Auch wenn diese Person nicht immer da ist, vielleicht sogar nur sehr selten auftaucht, kann sie dem Kind doch vermitteln: *Du bist in Ordnung so, wie du bist, deine Gefühle sind angemessen, und es gibt eine andere Welt als die, in der du tagein, tagaus leben musst. Es lohnt sich, zu hoffen und zu lernen, denn irgendwann wirst du dein Elternhaus hinter dir lassen und in die andere Welt eintreten können.*

Schon das Vorhandensein einer einzigen solchen Person senkt die Wahrscheinlichkeit ganz erheblich, im späteren Leben psychisch zu erkranken. Bindungsforscher sprechen in diesem Fall von einer *erworbenen Sicherheit*. Sie entsteht, wenn jemand von einem Menschen außerhalb der Familie Verständnis und Unterstützung bekam. In der Tat machte es bei vielen meiner unsicher oder gar haltlos gebundenen Patienten den entscheidenden Unterschied aus, wie sie auf die Frage antworten: »War denn in Ihrer Kindheit irgendjemand da, von dem Sie sich anerkannt und geschätzt fühlten?«

Tatsächlich gibt es leider Menschen, die sich an keine einzige solche Person erinnern können. Wir haben gesehen, wie wichtig es ist, in einer sicheren Bindung zu lernen, mit seinen Gefühlen umzugehen und dass dies die Voraussetzung dafür ist, auch über sie sprechen zu können. Es zeigte sich, dass das Erwachsenen mit einer erworbenen Sicherheit erheblich besser gelingt als solchen, die dies nie erfahren haben.

Über seine Gefühle sprechen zu können ist wiederum eine wichtige Voraussetzung dafür, mit ihnen auf erwachsene, reife Art umgehen zu können, statt von ihnen überwältigt zu werden.

Egal, zu welchem Zeitpunkt die zwölfte Fee erscheint: Sie zeichnet sich immer dadurch aus, dass sie zumindest einige der Eigenschaften mitbringt, die Bindungsforscher als Kennzeichen einer guten Bindung ausgemacht haben. Auch ein Erwachsener kann ihr noch begegnen, in Form eines guten, zuverlässigen Freundes, eines liebevollen Partners, einer Schwiegerfamilie, in der zumindest einiges von dem nachgeholt werden kann, was es daheim nicht gab. Und man kann sie selbst aufsuchen, indem man sich einem verständnisvollen und klugen Therapeuten anvertraut.

Dennoch ist eins deutlich geworden: Je früher im Leben die Fee auftaucht, desto besser. Schauen wir uns zunächst an, welche dieser frühen Hilfen es schon heute gibt und wie genau sie aussehen.

Lange galt hierzulande der Grundsatz, der Staat dürfe nicht »in die Familien hineinregieren«, was seine Ursache sicher auch in der Tatsache hatte, dass Eltern im Dritten Reich (und teilweise auch danach) erleben mussten, wie Schule und Jugendorganisationen ihnen ihre Kinder entfremdeten, sie für ihre Zwecke missbrauchten und viele letztlich sogar in den Tod schickten. Allerdings zeigt sich immer deutlicher, dass das Prinzip, Eltern allein zu überlassen, wie sie mit ihren Kindern umgehen, und erst dann einzugreifen, wenn sie Straftaten an ihren Kindern begehen, nicht die Kinder schützt, sondern lediglich die Eltern.

Von extremen Fällen abgesehen ist es ganz sicher keine

Lösung, Kinder ihren Eltern wegzunehmen. Erfahrungsgemäß kann das dazu führen, dass Eltern einfach weitere Kinder in die Welt setzen, da sie die Schuld bei den Kindern oder beim Jugendamt sehen und nicht in ihrem eigenen Verhalten. Ich habe es nie als befriedigende Lösung empfunden, ein Kind sozusagen dafür zu »bestrafen«, dass seine Eltern unfähig sind, ihre Erziehungsaufgaben wahrzunehmen. Sein Bindungs-bedürfnis den eigenen Eltern gegenüber ist schließlich unge-brochen. Es gibt unzählige Fernsehformate, die darauf ba-sieren, dass adoptierte Kinder, die in Liebe und Sicherheit aufwuchsen, ihre leiblichen Eltern suchen. In manchen Län-dern, in denen es schon länger Babyklappen gibt, haben sich Menschen, die als Babys dort abgelegt wurden, organisiert und fordern: *Schafft die Dinger ab.* Sie empfinden es als uner-träglich, nicht zu wissen, wer ihre Eltern sind. Selbst wer seine Eltern nie kennengelernt hat und weiß, dass sie ihn weggegeben haben, sucht den Kontakt zu ihnen.

Nein, die Ideen der Bindungsforscher gehen in ganz an-dere Richtungen, nicht in eine, die als Kontrolle, Strafe oder gar Willkür empfunden werden könnte. Sie stellen sich vor, das Kind nicht in letzter Minute aus dem Brunnen zu holen, sondern von Anfang an dafür zu sorgen, dass es erst gar nicht hineinfällt.

Denn sie wissen, dass die Eltern diejenigen sind, bei de-nen angesetzt werden muss. Eine Erfahrung, die ich tagtäg-lich mache. Möglicherweise würde kein einziger meiner Pa-tienten bei mir sitzen müssen, wäre nicht bereits eine Gene-ration vorher etwas schiefgelaufen. Häufig stoße ich in der Arbeit mit meinen Patienten auf etwas in der Vergangenheit der Eltern, auf ungelöste Probleme, Familiengeheimnisse, mitunter auch psychische Erkrankungen der Eltern, über die nie gesprochen wurde und von denen meine Patienten allenfalls sagen können: »Ich weiß, dass da mal was war, aber ich weiß nicht, was. Darüber ist nie geredet worden.«

Mit anderen Worten: Von jemandem aufgezogen zu werden, der in seinem eigenen Seelenstübchen so wenig aufgeräumt hat, ist häufig alles andere als gedeihlich. Es führt dazu, dass Ungelöstes und ungünstige Bindungsformen sich in die nächste Generation schleppen. Damit auch hier keine Missverständnisse entstehen: Natürlich geht es nicht darum, dass nur Menschen Kinder kriegen sollten, deren Leben überwiegend Ponyhof war. Sondern darum, dass es besser für Kinder ist, wenn Eltern sich selbst einigermaßen kennen, wenn sie wissen, wo bei ihnen Gefahren für sich selbst und andere lauern und wie sie wirksam gegensteuern können.

Wer als Kind schon sicher gebunden war, wird mit großer Wahrscheinlichkeit, ohne je Hilfe in Anspruch nehmen zu müssen, eine gute Mutter oder ein guter Vater sein. Die anderen sollten zumindest darum wissen, dass es für sie nicht ganz so einfach werden wird, es völlig anders und besser hinzukriegen als ihre Eltern.

Wollen wir also eine Diktatur der Psychologen und Psychotherapeuten errichten? Soll niemand mehr Kinder kriegen dürfen, der von ihnen keinen Elternführerschein ausgestellt bekommen hat?

Es gibt sicher keinen Psychotherapeuten, der diesen Gedanken am Ende eines Arbeitstags nicht schon einmal hatte, an dem er mal wieder zwölfte Fee spielen musste und mit viel unnötigem Leid konfrontiert war, das er nur mildern, nicht aber rückgängig machen konnte.

Aber ich kenne dennoch keinen Kollegen, der diese Meinung ernsthaft vertritt. Für uns ist der Begriff Psychotherapie weder Makel noch Stigma, und darum sind wir durchaus der Meinung, noch ein paar mehr Leute sollten, bevor sie selbst Kinder in die Welt setzen, erst mal versuchen, ein bisschen Reife nachzuholen. Zumindest das mit der Verantwortung für sich selbst und andere und das mit der Impulskontrolle sollten sie vorher ausreichend üben. Wie wir inzwischen wissen, ist das mit guten Vorsätzen nicht in den Griff zu bekommen. Stattdessen muss dort aufgeräumt werden, wo wir in unserer Frühzeit Falsches oder wenig Hilfreiches ins Unbewusste eingespeichert haben. Eine gute Psychotherapie schadet da sicherlich nicht.

Wir wüssten zwar nicht, wie wir alle Patienten unterbringen sollten, denen ein wenig Arbeit an den genannten Themen guttäte, aber das ist kein Problem, das wir lösen können. Es wäre an der Politik, dafür zu sorgen, dass es ausreichend niedergelassene Psychotherapeuten gibt und dass die vor Jahren völlig falsch angesetzten Bedarfszahlen (die schon jetzt hinten und vorne Probleme in Form langer Wartezeiten bringen), korrigiert werden. Bei den Erziehern und Erzieherinnen hat man schließlich auch irgendwann kapiert, dass es nicht schlecht wäre, ein paar mehr davon zu haben, und hat die Zahlen heraufgesetzt.

Noch besser aber wäre es, möglichst früh herauszufinden, welche Eltern von Hilfe profitieren könnten.

Vor allem in den USA, aber auch in Deutschland gibt es Programme, die hauptsächlich in Problemfamilien versuchen, das Zusammenspiel zwischen Mutter und Kind während der ersten Lebensmonate zu verbessern. Überwiegend werden dabei Familienhebammen oder Kinderkrankenschwestern eingesetzt, die die Familien zu Hause aufsuchen. Die Ergebnisse solcher Mütter- oder Elternschulungen sind überaus ermutigend, auch auf sehr lange Sicht gesehen. Sie sind auch als *frühe Hilfen* bekannt. Früh müssen sie in der Tat sein, denn es ist erwiesen, wie wichtig es ist, dass die Unterstützung stattfindet, bevor das Kind ein halbes Jahr alt ist. Zumindest was die Schulung der Feinfühligkeit und damit eine Änderung des Bindungsverhaltens betrifft, zeigt sie danach praktisch keine Wirkung mehr.

Das Problem besteht darin, herauszufinden, welche Familien diese Hilfe brauchen und welche nicht. Schließlich ist das Zeitfenster nicht allzu groß.

Auch bei älteren Kindern ist es oft nicht einfach, die Eltern dazu zu bewegen, sich Hilfe zu suchen. Wenn Erzieherinnen der Mutter eines verhaltensauffälligen Kindes raten, es zu einem Kindertherapeuten zu schicken, ist ihnen zum einen klar, dass sie am falschen Punkt ansetzen, zum anderen ist es dann letztlich immer noch die Entscheidung der Eltern, ob sie sich darauf einlassen wollen. Da wären oft Erziehungshelfer sinnvoller, die in die Familie kommen. Allerdings ist diese Art von Unterstützung zum einen zeitlich begrenzt und zum anderen wiederum davon abhängig, dass die Eltern überhaupt bereit sind, sie in Anspruch zu nehmen.

Auch ich hatte schon Patientinnen, die sich endlos über ihre »schwierigen« Kinder beklagten, bei denen ich mir aber vergeblich den Mund fusselig geredet habe, wenn es darum ging, sich auf diese Weise Hilfe zu holen. Natürlich sind die Ursachen dafür klar: Es ist einerseits Scham, andererseits aber auch die meist völlig unbegründete Furcht, das Jugendamt könne einem die Kinder wegnehmen. Dennoch ist es schwer auszuhalten, wenn man sieht, wie das Leben gleich mehrerer Menschen den Bach runtergeht und nahezu hilflos dabeistehen muss.

Wenn wir es ernst meinen mit der Fürsorge für die, die völlig ausgeliefert sind und sich nicht wehren können, die

Kinder, die noch nicht laufen und sprechen, ja, sich nicht einmal erinnern können an das, was mit ihnen geschehen – oder im Fall von Vernachlässigung eben nicht geschehen – ist, müssen wir uns intensiver um sie kümmern. Ich empfinde den Gedanken als unerträglich, dass Kinder erst dann beschützt und unterstützt werden, wenn wertvolle Zeit bereits vertan ist und eine viel zu spät eintreffende zwölfte Fee allenfalls noch einen Schaden reparieren kann, der zu vermeiden gewesen wäre, hätte man sich schon früh um dieses Kind gekümmert.

Wenn wir als Gesellschaft beschließen, es sei immer noch Zeit genug einzugreifen, wenn das Kind Anzeichen einer schweren Störung zeigt, so ist das ein soziales Experiment zu Lasten der Hilflosesten. Ein Experiment, das – auch das sollte einmal überlegt werden – abgesehen vom ethischen Aspekt auch auf unser aller Kosten geht. Frühe Hilfen zahlen sich immer aus, selbst wenn man sie nur unter dem Aspekt betrachtet, dass gestresste Kinder als Erwachsene eben sehr viel häufiger krank werden.

Die meisten Familien brauchen diese frühe Hilfe zum Glück nicht, und obwohl es eingrenzbar ist, unter welchen Bedingungen, in welchen sozialen Gruppen die Wahrscheinlichkeit besonders groß ist, dass es Probleme zwischen Eltern und dem ganz kleinen Kind geben wird – wäre es nicht entmündigend, Familien sozusagen unter Generalverdacht zu stellen, mit ihren Kindern nicht gut umzugehen, indem man sie flächendeckend mit solchen Programmen überzieht? Das ist die Frage, die sich stellt.

Wir können den alten Standpunkt beibehalten, manche Kinder bräuchten einfach ein wenig mehr Disziplin, und schon könnten auch sie Bundeskanzler oder Vorstandsvorsitzender eines DAX-Unternehmens werden. Oder wir verlassen das Reich der Fantasie, überlassen die Frage des freien Willens den Philosophen und überlegen uns praktische Hilfen, die diesen Kindern im Leben bessere Chancen einräumen.

Glückliche Jugendliche verdienen als Erwachsene erheblich mehr als unglückliche, unabhängig davon, aus welchem sozialen Umfeld sie kommen, wie intelligent und wie gesund sie sind.

Das ist nicht nur eine durchaus interessante Kosten-Nutzen-Rechnung, sondern schlicht und einfach eine Frage der Gerechtigkeit.

Natürlich darf beim Thema der zwölften Fee auch nicht die Arbeit vergessen werden, die von Erziehern und Lehrern geleistet wird, um auszugleichen, was zu Hause nicht geleistet werden konnte.

Schließlich sollten wir alle aber auch nicht unterschätzen, welch große Bedeutung jeder Einzelne von uns für Kinder haben kann. Selbst für solche, denen wir nur ein einziges Mal begegnen.

So hat mir einmal ein junger Mann von einem für ihn überaus bedeutsamen Erlebnis erzählt. Im Alter von etwa sechs Jahren war er mit seinen Eltern bei einer Sportveranstaltung. Er wisse nicht mehr, was vorgefallen sei, jedenfalls habe sein Vater sich offenbar über ihn geärgert, habe ihm Prügel angedroht und ihn bereits gepackt gehabt. Einer der Umstehenden habe den Vater angesprochen und ihm gesagt, er dulde es nicht, dass in seiner Gegenwart Kinder geschlagen werden. Der Vater habe den Sohn daraufhin an eine andere Stelle in der Menge gezogen, um ihn dort zu verprügeln. Doch habe sich das Eingreifen durch einen anderen Unbekannten wiederholt, und sogar noch ein drittes Mal, an einer anderen Stelle. Der junge Mann meinte, das sei der Tag gewesen, an dem er begriffen habe: *Nicht ich bin verkehrt. Meine Eltern sind es.*

Natürlich soll man eingreifen, wenn ein Kind misshandelt wird. Unter Umständen machen Sie sich – zu Recht – strafbar, wenn Sie es nicht tun. Auf der Straße ist es oft nicht leicht zu unterscheiden, ob ein ansonsten nettes Eltern- oder Großelternteil einfach mal die Geduld verliert und etwas lauter wird, oder ob hier jemand unterwegs ist, der rund um die Uhr damit befasst ist, aus einem normalen Baby einen psychisch mehr oder weniger verkrüppelten Erwachsenen zu machen.

Bei Schlägen sollte man *immer* einschreiten. Auch nahezu ausreichend gute Eltern gestehen manchmal, dass sie in ihrer Verzweiflung schon ihre Kinder geschlagen haben. Das steht zu Recht mittlerweile unter Strafe und ändert nichts an der Tatsache, dass Schläge immer eine Bankrotterklärung des Erziehenden sind. Manche reden sich ihr Versagen klein, indem sie bezweifeln, dass es überhaupt möglich ist, Kinder ohne »einen gelegentlichen Klaps« zu erziehen oder ohne dass einem »mal die Hand ausrutscht«, wie es beschönigend heißt.

Natürlich kann man den Umgang mit Kindern nicht eins zu eins mit dem unter Erwachsenen vergleichen. Dennoch finde ich es immer wieder erschreckend, wie oft etwas verharmlost wird, das Erwachsene Kindern – oder das Kinder Kindern – antun, etwas, das vor Gericht landen und mit schweren Strafen geahndet würde, wären alle Beteiligten Erwachsene. Wer würde nicht kündigen, wenn sein Chef ihn – oft nur, weil er unter Druck steht – verprügeln würde? Wer würde nicht sofort umziehen, wenn er regelmäßig auf dem Weg zur Arbeit überfallen würde und man ihm sein Handy oder die Uhr stehlen würde? Wer würde nicht zum Betriebsrat gehen, wenn seine Kollegen ihn regelmäßig als »schwule Sau« titulieren? All dies sind wir geneigt, bei Kindern zwar schlimm zu finden, es dennoch nicht so ernst zu nehmen wie bei Erwachsenen, als bemesse sich das Ausmaß einer Straftat an der Körpergröße des Opfers.

Sähen wir einen Erwachsenen einen anderen auf der Straße schlagen, würden wir hoffentlich so schnell wie möglich die Polizei rufen. Sehen wir, dass ein Kind geschlagen wird, müssen wir erst überlegen? Dabei kann Ihnen jeder Psychologe Brief und Siegel darauf geben, dass ein psychisch stabiler Erwachsener dergleichen eventuell wegstecken kann. Für ein Kind hingegen ist es eine Katastrophe.

Deshalb: Ja, natürlich. Einschreiten. Nicht, weil dadurch die Eltern begreifen, dass sie ihr Verhalten ändern müssten. Jeder, außer depressiv Erkrankten, hat einen automatischen Schutzschild, der ihn vor Kritik schützt. Die Wahrscheinlichkeit ist sehr groß, dass sie eine freche (weil unreife) Antwort bekommen.

Der Klassiker hierbei ist entweder: »Sie wissen ja nicht, wie unmöglich der ist!« Diese Antwort habe ich einmal auf einem Weinfest bekommen. Die betreffende Mutter saß mit ihrem etwa achtjährigen Sohn am Nachbartisch und unterhielt sich mit ihrer Freundin. Stundenlang. Der Junge saß brav daneben. Stundenlang. Irgendwann wurde ihm offenbar verständlicherweise langweilig und er fing an, mit den Beinen vor und zurück zu schaukeln. Als die Mutter ihn daraufhin ohrfeigte, sprach ich sie an, äußerte mein geringes Ausmaß an Begeisterung hierüber und bekam die besagte Antwort.

Oder Sie werden gefragt, ob Sie selbst Kinder haben. Sollte das nicht der Fall sein, empfiehlt sich beispielsweise die Antwort:»Ich war selbst mal eins.« Wahlweise mit dem Zusatz:»Sie offenbar nicht.« Nicht, dass das etwas nützen würde, zumindest nicht, was die Einsichtsfähigkeit Ihres Gegenübers betrifft.

Nur in einem einzigen Fall habe ich – zumindest meiner Einschätzung nach – einmal einen Treffer landen können. In einem Lokal, in dem mein Mann und ich regelmäßig zu Gast sind, saß häufig ein Mann mit seinem elf- oder zwölfjährigen Sohn. Die Angestellten hatten mir schon öfter erzählt, dass es unerträglich sei, wie er seinen Sohn pausenlos kritisiere.

An einem Tag saßen die beiden unmittelbar neben uns, und ich bekam mit, dass der Mann mit seinem Sohn – der sich wie häufig in solchen Fällen erheblich erwachsener verhielt als der Vater – in etwa umging wie ein betrunkener Pöbler, der Streit sucht. Der Sohn spielte mit seinem Smartphone, was verständlich war, denn irgendwie musste er ja versuchen, sich aus dem überaus unerfreulichen Kontakt herauszuziehen. Dies kommentierte der Vater beispielsweise folgendermaßen:»Was hast du denn da für Leute drinstehen? Wahrscheinlich nur Idioten, du bist ja selbst so ein Idiot.«

So ging das ununterbrochen. Eine andere Art des Umgangs mit seinem Sohn schien der Mann nicht zu kennen. Ich wusste, wenn ich das auf die übliche Weise anspreche und meine Ablehnung seines Verhaltens zeige, kriege ich auch nur die übliche Antwort.

Ich sagte also zum Vater:»Ich weiß, dass Ihr Vater ein Arschloch war. Aber ich finde es unmöglich, dass Sie das, was Sie selbst erlebt haben, jetzt Ihrem Sohn antun.«

Natürlich hatte ich keine Ahnung, wie sein Vater sich verhalten hatte. Aber ich verließ mich auf das, was die Bindungsforscher über die Weitergabe von Bindungsformen über Generationen herausgefunden haben.

Seine Reaktion war zunächst völlige Verblüffung, dann antwortete er:»Ja, das stimmt, er war ein Riesenarschloch. Er hat mich sogar geschlagen.«

Nein, ich gehe nicht davon aus, dass dieser Mann sich geändert hat. Er ist lediglich nie wieder in diesem Lokal aufgetaucht. Aber ich hoffe, dass der Sohn noch öfter erfährt, dass er nicht so verkehrt ist, wie sein Vater es ihn glauben machen möchte.

Nicht für die Eltern ist es wichtig, dass Sie eingreifen, sondern für das Kind. Es muss wissen: Die Welt ist nicht mein Feind.

Selbst zu einer Zeit, in der das ehemalige Kind nun tatsächlich endgültig in den Brunnen gefallen zu sein scheint, gibt es Hoffnung auf Veränderung. So hilft beispielsweise der Verein *Violence Prevention Network* jungen, ideologisch motivierten Straftätern. Auch hier zeigt sich, dass offenbar vor allem das Angebot eines verlässlichen Kontakts hilfreich ist und immerhin dafür sorgt, die Rückfallquote von 43 auf 13 Prozent zu senken.

Frühe Strafen oder Abschreckung allein sind hingegen offenbar sogar eher kontraproduktiv, was wiederum nicht überrascht, da wir ja wissen, dass erst im frühen Erwachsenenalter durch Kritik gelernt werden kann. Davor lernen wir am besten in einer angstfreien Atmosphäre.

Dies erwies sich auch in einer Untersuchung, deren Ergebnisse nur auf den ersten Blick verwundern. Man sollte ja meinen, Jugendliche, die in Gefahr geraten, aufs falsche Gleis zu geraten, bräuchten früh einen Warnschuss. Allerdings stellte sich heraus, dass Jugendliche, die von Polizisten ermahnt wurden, in der Folge nicht weniger, sondern mehr Straftaten begingen. Betrachten wir das unter dem Aspekt des lebenslang vorhandenen Bindungsverlangens, heißt das für das Unbewusste von Jugendlichen, die schon vorher »haltlos« waren, offenbar eher: *Okay, danke für den Tipp, jetzt weiß ich wenigstens, wo ich hingehöre.*

Tatsächlich verbrachten sie in der Folge eher mehr als weniger Zeit mit kriminellen Kumpels. Die Gefahr ist also groß, dass die Polizisten – ebenso wie die in anderem Zusammenhang bereits erwähnten mahnenden Lehrer – eher als Teil einer sowieso schon als feindselig empfundenen Umwelt gesehen werden. Den Freund und Helfer sucht man sich dann auf der falschen Seite.

Inventur im Archiv

Wie können Sie selbst feststellen, ob Sie sich auf die inneren Helfer in Ihrem Kopf verlassen können und wie wahrscheinlich es ist, dass die Ihnen nützliche Vorschläge machen und keine schädlichen? Oder ob es besser wäre, in Ihrem inneren Archiv ein wenig aufzuräumen, Altes wegzuwerfen und ein paar Neuanschaffungen zu machen? In diesen Fällen hilft eine gründliche Inventur.

Schließlich hat man in manchen Situationen nicht viel Zeit zu reagieren. Da muss man sich auf sein Unbewusstes verlassen können und wissen, ob es eher zur Variante neigt: *Wechsle die Straßenseite*, oder zur Variante: *Hau ihm aufs Maul.*

Die Inventur hilft beispielsweise zu erkennen, ob man zu denen gehört, die es sich leisten können, ab und zu ein Gläschen Alkohol zu trinken, oder ob man es besser ganz und gar bleiben lässt. Alkohol an sich macht noch nicht zwangsläufig aggressiv. Wer sich unfair behandelt fühlt, tendiert allerdings unter seinem Einfluss eher zu Gewalttätigkeit.

Je mehr Sie also dazu neigen, die Welt für Ihren Feind zu halten, desto mehr sollten Sie die Finger vom Alkohol lassen. Ganz nebenbei: Dies gilt übrigens auch für Menschen, die normalerweise ein eher sonniges Gemüt haben. Ich habe selbst Situationen miterlebt, wo jemand, der gerade einen Schicksalsschlag erlitten hatte (vom Freund verlassen worden zu sein in einem Fall, den Tod eines Freundes in einem anderen), sich unter Alkoholeinfluss ausgerechnet die Besatzung eines Streifenwagens dafür aussuchte, seinem Ärger über die Gemeinheit der Welt Luft zu machen. Wenn Sie also wirklich einmal unbedingt Ihren Kummer in Alkohol ertränken müssen – achten Sie zumindest darauf, mit der Sorte Freunden unterwegs zu sein, die auf Sie aufpassen und dafür sorgen, dass Sie keinen Mist bauen.

Ein guter Ausgangspunkt für die Inventur wäre es schon mal, sich überhaupt klarzumachen, dass Sie ein Unbewusstes haben. Also all das, was ich Ihnen bereits als Erkenntnisse der neueren Hirnforschung vorgestellt habe. Und sich ebenfalls bewusst zu machen, dass all das, was Sie tagtäglich und ständig als Fantasien, Ideen, Impulse oder Geistesblitze anfliegt, seinen Ursprung dort hat, und zwar entweder in der Instinktabteilung oder im Archiv, also in der Erfahrungsabteilung.

Wahrscheinlich gehören Sie zu der Gruppe Menschen, die bereits früh die Erfahrung einer sicheren Bindung gemacht haben – Gratulation. Sie haben daher vermutlich einen 1a inneren Mitarbeiterstab, auf den Sie sich verlassen können.

War dies jedoch nicht der Fall, lohnt es sich, noch einmal in die Tiefen Ihres Archivs hinabzusteigen und sich dort ein wenig umzuschauen. Es ist nicht damit getan, einfach nur zu sagen: *Okay, ich hatte nun mal nicht das Glück einer sicheren Bindung.* So leicht lässt sich unser Unbewusstes bekanntlich nicht übers Ohr hauen. Denn es ist ja nicht nur größer und schlauer, sondern auch sehr viel schneller als wir. Was Neuerungen betrifft, ist es hingegen mitunter so träge, dass es von der Kontinentalverschiebung locker überholt werden könnte. Denn unser Gehirn arbeitet wie erwähnt ausschließlich auf der Basis von Wahrscheinlichkeiten.

Wenn wir in unser Lieblingslokal kommen und in der Ecke einen Außerirdischen sitzen sehen, ist unsere erste Annahme, dass es sich um einen Menschen im Alienkostüm handelt. Wenn uns das aus anatomischen Gründen unmöglich erscheint, tippen wir auf raffinierte Hologrammeffekte. All das erscheint uns wahrscheinlicher als die Möglichkeit, dass wir zwar im Fernsehen noch nichts von der Landung der Außerirdischen gehört haben, dass sie sich aber bereits in unserer Stammkneipe breitmachen.

Wenn wir früh gelernt haben, dass wir weder uns selbst noch anderen Menschen vertrauen können, braucht es unter Umständen sehr lange, bis wir die Wahrscheinlichkeit akzeptieren können, dass es durchaus viele nette und wohlmeinende Menschen gibt. Vor allem in Internetforen stolpert man immer mal wieder über die, die der Ansicht sind, der Mensch im Allgemeinen und der Politiker – oder meinetwegen auch der Psychotherapeut – im Besonderen sei von Grund auf schlecht. Man muss kein Bindungsforscher sein, um zu ahnen, dass diese inneren Archive sehr einseitig bestückt sind.

Übrigens, nur um dem Argument vorzubeugen, die sicher Gebundenen seien vielleicht einfach nur etwas naiv und würden sich alles schönreden: Nein, das tun sie nicht. Auch sie wissen natürlich, was auf der Welt nicht so läuft, wie es sollte. Gerade weil sie ein stärkeres Empfinden des eigenen Wertes mit auf den Weg bekommen haben, sind sie nicht einfach nur vertrauensduselig, sondern auch imstande, auf sich selbst aufzupassen, womit sie beispielsweise seltener als andere Opfer von Straftaten werden.

Haben Sie schon früh eher weniger gute Erfahrungen gemacht, werden Sie gute neue Erfahrungen möglicherweise zunächst einmal als Ausnahme werten, die Ihr Weltbild nicht erschüttern können. Wiederholen diese sich jedoch, werden Sie irgendwann bereit sein, sie als gleichberechtigt neben Ihren bisherigen Erfahrungen anzuerkennen. Aber es muss unter Umständen schon viel passieren, damit diese guten Erfahrungen in Ihrem inneren Erfahrungsschatz die Oberhand gewinnen.

Wenn Sie selbst herausfinden wollen, wie es diesbezüglich bei Ihnen aussieht, stellen Sie sich einmal folgende Fragen:

- *Habe ich mich von meiner Mutter geliebt gefühlt? Stand sie hinter mir?*
- *Konnte ich ihr vertrauen?*
- *Habe ich mich von meinem Vater geliebt gefühlt? Stand er hinter mir?*
- *Konnte ich ihm vertrauen?*
- *Traf das auf eine andere Person in meiner Kindheit zu?*

Können Sie keine dieser Fragen mit Ja beantworten, lohnt sich eine gesunde Skepsis den Lösungen gegenüber, die Ihr Unbewusstes Ihnen spontan anbietet. Gab es eine solche Person, kann es sich lohnen, sich ab und zu die Frage zu stellen:

- *Was hätte sie mir jetzt geraten?*
- *Wie hätte sie die Sache eingeschätzt?*

Weiten Sie Ihren Blick, indem Sie sich, vor allem, wenn Sie nicht weiterwissen und es in Ihrem Leben klemmt, öfter einmal fragen:

- *Was habe ich daheim zu diesem Thema gelernt?*
- *War das hilfreich oder eher etwas, das mir gerade Knüppel vor die Füße wirft?*

Kein Grund, das ungeprüft für weitere Generationen zu übernehmen. Diese Kette zu unterbrechen gelingt allerdings nur, indem wir uns die Zusammenhänge *bewusst machen*.

Manche Menschen verschulden sich beispielsweise und leben trotz solidem Einkommen mehr als kärglich. Der Erwerb eines eigenen Hauses war das Lebensziel und Hauptthema der Eltern gewesen, die dafür wiederum ihre ganz eigenen, oft unbewussten Gründe hatten. So kamen manche der Eltern meiner Patienten als Flüchtlinge oder Zuwanderer hierher. Der Erwerb eines eigenen Hauses samt dazugehörigem Grund und Boden war für sie der Beweis: *Wir haben uns jetzt hier verwurzelt und gehören dazu.*

Ihre Kinder haben dieses Motto übernommen, ohne auch nur ein einziges Mal zu überlegen, ob ihnen dieser Lebensentwurf tatsächlich noch entspricht oder ob sie ganz andere Entscheidungen treffen wollen. Ihr Unbewusstes hatte schon früh von den Eltern die Verknüpfung übernommen: *Zu einem gelungenen Leben gehört das eigene Dach über dem Kopf*, und es hatte diese Verknüpfung gespeichert.

Sicher haben auch Sie von Ihren Vorfahren etwas unbewusst mitgenommen, das Ihnen nun immer mal wieder das Leben schwer macht, weil es sich in Ihrem Gehirn eingenistet hat und Ihre Entscheidungen bestimmt.

Dem Unbewussten auf die Spur zu kommen, vor allem dem Teil, der eher die ungünstigen als die nützlichen Vorschläge macht, ist nicht ganz einfach. Sonst wäre es ja nicht das Unbewusste, klar. Deshalb müssen wir jetzt doch noch mal über Psychotherapie reden. Ist schließlich mein Beruf. Nachdem ich den Erkenntnissen der Hirn- und Bindungsforscher viel Raum gegeben habe, möchte ich zumindest kurz anreißen, was Psychotherapie denen zu bieten hat, deren frühe Bindungserfahrungen nicht die besten waren.

Wie Sie bestimmt wissen, gibt es viele unterschiedliche psychotherapeutische Richtungen, wenn auch nur drei davon von den Kassen bezahlt werden. Es gibt Psychotherapieformen, die nahezu ausschließlich darauf beruhen, dem Patienten das Vokabular beizubringen, das er braucht, um seine Gefühle zu benennen, und die allein damit schon sehr erfolgreich sind. Was Psychotherapien wirken lässt, ist im Prinzip das Gleiche, was eine sichere Bindung ausmacht: Wertschätzung, Zuverlässigkeit, Feinfühligkeit, Benennen von Gefühlen.

Aus der Sicht der Bindungsforscher funktioniert Psychotherapie auch deshalb, weil es Menschen, die keine sichere Bindung erfahren haben, ermöglicht, dies zumindest teilweise nachzuholen und somit alte durch neue Verknüpfungen zu ersetzen.

Ebenso, wie Psychotherapie nachweisbar die Struktur des Gehirns verändert, kann sie auch Bindungsmuster verändern, und damit unsere Sicht der Welt und unsere Einstellung zu uns selbst. Erst die Fähigkeit, Gefühle zu benennen und sie damit ernst zu nehmen, ermöglicht uns, unser Verhalten zu betrachten und zu verändern. So wie sichere Bindung entsteht, wenn die Mutter feinfühlig ist, muss auch der Patient den Therapeuten als feinfühlig erleben. Alle diesbezüglichen Untersuchungen beweisen immer wieder, dass dies der wirksamste Bestandteil einer Psychotherapie ist. Hier erlebt der Patient möglicherweise zum ersten Mal eine Beziehung, in der er sich wichtig und wertgeschätzt fühlen kann. Da, wie erwähnt, alte Erfahrungen nicht einfach durch neue überschrieben werden können, braucht der ganze Prozess seine Zeit, im Durchschnitt eineinhalb bis zwei Jahre. In manchen Fällen, etwa bei haltlos gebundenen Patienten, kann auch eine Begleitung in größeren Abständen über eine sehr lange Zeit sinnvoll sein.

Falls Sie immer noch skeptisch sind, ob Veränderung wirklich möglich ist: Klar ist sie das. Wenn man seine blonden Haare partout nicht mag, kann man sie braun färben. Sie werden immer wieder blond nachwachsen, trotzdem werden viele Menschen in der Umgebung nie mitkriegen, dass man eigentlich naturblond ist. Im Bereich der Psyche ist es ähnlich. Es ist schwer bis unmöglich, das, was uns geprägt hat – vor allem, wenn es uns nicht gefällt –, wieder loszuwerden. Aber man kann lernen, damit umzugehen wie mit einer ungeliebten Haarfarbe.

Viele meiner Patienten fühlen sich nicht nur dadurch verdammt, dass sie früh Opfer von Gewalt oder Missbrauch wurden, sondern auch durch die Tatsache, überhaupt solche Eltern gehabt zu haben. *Wie soll aus mir je etwas Gutes werden, wenn ich von zwei Monstern abstamme?*, fragen sie sich. Diesen Patienten hilft oft die Vorstellung, dass auch ihre Eltern nicht so verbogen zur Welt kamen, wie sie sie schließlich erlebt haben, sondern dass auch in ihnen Eigenschaften und Fähigkeiten angelegt waren, die sie zu liebevollen, starken und kreativen Persönlichkeiten hätten werden lassen können. Ich versuche ihnen zu vermitteln, dass das, was wertneutral in den Eltern angelegt war, unter anderen Bedingungen auch zum Guten hätte wachsen können, und dass selbst das, was sie an elterlichem Erbgut mitbekommen haben, zunächst einmal nicht den grundsätzlichen Stempel »böse« trägt.

Über die Frage, welchen Anteil unserer Persönlichkeit das ausmacht, was wir bereits im Moment unserer Zeugung von den Eltern erhalten, und welchen Anteil das hat, was wir ab dann erleben, streiten Wissenschaftler schon lange. Auch an dieser Front ist aber inzwischen ein wenig Ruhe eingekehrt. Mittlerweile geht man davon aus, dass beide Faktoren zusammenwirken und dass Erbanlagen unterschiedliche Früchte hervorbringen können, je nachdem, ob gute oder traumatische Erfahrungen hinzukommen.

Haben Sie ein überschäumendes Temperament in die Wiege gelegt bekommen, können Sie es dafür verwenden, auf der Bühne zu stehen und Menschen mitzureißen. Oder es bringt Sie dazu, sich so schnell provoziert zu fühlen, dass Sie jemanden niederstechen, den Sie erst Sekunden zuvor kennengelernt haben.

Hat ein Vorfahr Ihnen einen besonders wachen Geist vererbt, können Sie ihn dazu verwenden, ein Computerspiel zu entwickeln, das die größten Couch-Potatoes zu Fitnesssüchtigen macht. Oder Sie entwerfen einen ausgeklügelten Plan, wie Sie im Internet möglichst viele Menschen übers Ohr hauen können.

Ähnlich ist es bei den Menschen, bei denen ein Elternteil oder gleich mehrere Familienmitglieder schwere psychische Störungen oder Suchterkrankungen hatten. Auch ihnen versuche ich klarzumachen, dass sie dadurch gefährdeter sind als andere, was aber lediglich bedeutet, etwas besser auf sich aufpassen zu müssen. Wenn man weniger robust ausgestattet ist, was eine Gefährdung durch Depressionen oder Psychosen betrifft, ist es umso wichtiger, darauf zu achten, was Psyche und Körper brauchen, wie auch die Kinder von Alkoholikern gut daran tun, mit Alkoholika vorsichtig umzugehen, denn sie rutschen leichter in eine Sucht als andere Menschen.

Da nichts von alldem unvermeidbares Schicksal ist, zeigt sich einmal mehr die Notwendigkeit, frühzeitig Hilfen bereitzustellen, um das psychische Immunsystem gerade derer zu stärken, die gefährdeter sind.

Einige Hirnforscher träumten eine Zeit lang davon, Psychotherapie irgendwann ganz abzuschaffen. Wofür braucht man die denn noch, wenn man Emotionen über Hormone und andere Substanzen direkt steuern kann?

Beispielsweise ein bisschen Serotonin und Oxytocin für ein besseres soziales Miteinander, vielleicht noch eine Prise Propranolol, das gut gegen Vorurteile sein soll ...

Ganz so einfach ist es allerdings nicht. Beispielsweise hält man heute bei depressiven Patienten die Mischung von Psychotherapie plus medikamentöser Behandlung für das Erfolg versprechendste Konzept, und so wird vielen Patienten beides angeboten. Zurzeit wird untersucht, ob es Möglichkeiten gibt, genauer festzustellen, welche Patienten mehr von dem einen und welche mehr von dem anderen profitieren. Im Blickpunkt steht dabei eine kleine Hirnregion über dem Ohr, die sogenannte Inselrinde. Ist sie aktiver, könnte eine Psychotherapie erfolgreicher sein als Medikamente, ist sie weniger aktiv, verhält es sich umgekehrt. Für Patienten wie für Krankenkassen keine uninteressante Erkenntnis. Schließlich wäre es zielgerichteter und letztendlich billiger, den Patienten nur die für sie am besten geeignete Methode anzubieten. Aber das ist noch Zukunftsmusik.

Dennoch zeigen diese Untersuchungen bereits: Überflüssig wird die Psychotherapie nicht werden. Nicht nur, weil ich selbst Psychotherapeutin bin, fände ich diesen Gedanken auch ausgesprochen traurig. Wie wir gesehen haben, bringen wir zwar für unterschiedliche Erkrankungen, sowohl für die körperlichen als auch für die psychischen, gewisse erbliche Veranlagungen mit. Ob sie jedoch tatsächlich ausbrechen werden, hängt zum großen Teil auch davon ab, was wir im Kontakt mit Menschen erlebt haben. Ich fände die Vorstellung kalt und zynisch, die Heilung ebendieser

Wunden eher einer Spritze, einer Pille oder einem Nasenspray zu überlassen, statt die Patienten in einem guten, vertrauensvollen Kontakt wenigstens einen Teil dessen nachholen zu lassen, was sie nicht erfahren durften.

Für diejenigen, die die Erfahrung einer solchen Behandlung machen durften, die ihr Leben nachhaltig zum Guten verändert hat, ist die Vorstellung gruselig, man könne sie auf chemische Weise ersetzen wollen. Manche Dinge sind eben nicht ersetzbar. Natürlich kann man einen Orgasmus auch durch Selbstbefriedigung erhalten (gegen die kein Sexualtherapeut etwas einzuwenden hat), aber kein gescheiter Mensch käme auf die Idee zu sagen: *Was braucht man die ganze lästige Schmuserei und Partnersuche, wenn man Orgasmen auch einfacher herstellen kann? Das Ergebnis ist schließlich dasselbe.*

Warum wir so wenig über uns selbst wissen

»Verdammt noch mal! Warum lernt man all das nicht in der Schule!«, rief eine Patientin neulich in einer Therapiesitzung aus.

Woher also kommt es, dass das Wissen über die Bedeutung unseres Unbewussten und der frühen Lebensjahre so wenig verbreitet ist? Schließlich hat Sigmund Freud sich mit diesen Themen schon vor hundert Jahren beschäftigt, und das durchaus nicht im Geheimen. Ganz neu sind sie also nicht.

Hängt es vielleicht damit zusammen, dass nach wie vor so viele Vorurteile über Psychologen und Psychotherapeuten existieren?

Die Zeitschrift *Psychologie heute* befasste sich in ihrer Februarausgabe 2012 unter der Überschrift »Psychologie in der Imagekrise« mit diesem Thema und stellte fest: An dem, was Psychotherapeuten und psychologische Forscher leisten, liegt es jedenfalls nicht. Sondern an Vorurteilen, die immer noch grassieren, obwohl sie jeder wissenschaftlichen Grundlage entbehren.

Die Zeitschrift zitiert eine groß angelegte Studie der American Psychological Association zum Image der Psychologie. Danach waren zwar 82 Prozent der Befragten der Meinung, dass psychologische Forschung das Leben vieler Menschen verbessert, aber nur ein äußerst kleiner Teil glaubte, dass Psychologen wirklich wissenschaftlich arbeiten.

Das ist etwas, was uns je nach persönlichem Temperament wahlweise resignieren oder mit dem Kopf wiederholt auf die Tischplatte knallen lässt. Nicht nur habe ich mich den kompletten ersten Teil meines Psychologiestudiums fast ausschließlich mit wissenschaftlichen Methoden beschäftigt und dabei oft an einen Mathelehrer in der Schule gedacht, der mich gewarnt hatte, das Studium würde diesbezüglich hart werden. Vielmehr schauen – im Vertrauen gesagt – viele Psychologiestudenten genau aus diesem Grund ein wenig auf die zukünftigen Ärzte herab, die zwar lernen müssen, beim Anblick von Blut oder Leichen, die es zu präparieren gilt, nicht in Ohnmacht zu fallen, die allerdings gewiss keine mahnend-mitfühlenden Worte ihres Mathelehrers mit auf den Weg bekommen haben. Dass wir Psychologen mit wissenschaftlichen Methoden im Studium geplagt werden bis zum Abwinken, müssen Sie mir einfach so glauben. Beweisen kann ich es Ihnen nicht mehr, nachdem ich vor einiger Zeit nach einem letzten schaudernden Blick ein Buch aus meinem Studium zum Altpapier gegeben habe, das von jedem Menschen für eine anspruchsvolle mathematische Formelsammlung gehalten werden würde. Schade eigentlich, ich hätte gern zumindest eine halbe Seite daraus zitiert und mich in Ihrem Mitgefühl gesonnt.

Wenn es also jemanden gibt, der darin geschult ist, sowohl wissenschaftliche Eleganz als auch Schwachstellen in einer Untersuchung zu erkennen, so sind das Psychologen. Aber wie steht es mit der Meinung der Bevölkerung zur Bedeutung psychologischer Untersuchungen für ihr Leben?

Die Amerikaner fanden in ihrer Untersuchung heraus, dass über ein Drittel der Befragten davon überzeugt war, sie hätten ausreichend Lebenserfahrung angehäuft, um mit Problemen selbst fertigwerden zu können. Kein Psychologe könne ihnen da noch irgendwie weiterhelfen.

Mir fällt gerade kein anderes Fachgebiet ein – zumindest keines, das mit einem klassischen Handwerk oder einer anerkannten medizinischen Fachrichtung zu tun hat –, bei dem ich mir zutrauen würde zu behaupten, ich sei darin so gut, dass ich niemals den Rat eines diesbezüglichen Fachmanns brauchen würde.

Sollte ich Ihnen übrigens bei diesem Thema ein wenig gereizt erscheinen, so haben Sie vollkommen recht. Dabei geht es mir nicht einmal in erster Linie um das Image meines Berufsstandes. Ich neige dazu, mich aufzuregen, wenn es um Dinge geht, die unnötiges Leid verursachen. Dass Psychologen nichts Hilfreiches herausfinden und dass Psychotherapeuten eh nichts bewirken können, glauben ja nicht nur die Menschen, die beschlossen haben, alles über sich und ihr Innenleben zu wissen und damit glücklich und zufrieden bis ans Ende ihrer Tage leben. Nein, das glauben leider oft auch *die* Menschen (die zwischen einem Drittel und der Hälfte der Bevölkerung ausmachen), die irgendwann im Verlaufe ihres Lebens eine behandlungsbedürftige psychische Störung entwickeln. Diese Zahl ist nicht wirklich erstaunlich, schließlich gibt der renommierte Psychologe und Mediziner Hans-Ulrich Wittchen zu bedenken, dass das Gehirn das komplexeste Organ unseres Körpers ist und dass es ein Wunder wäre, wenn es nicht ebenso häufig erkranken würde wie das Herz oder der Magen-Darm-Trakt.

Es handelt sich um Erkrankungen, die die Betroffenen in ihrem Alltag stark beeinträchtigen, sodass sie möglicherweise sogar suizidgefährdet sind. Viele Menschen, die einen

Selbstmordversuch begehen, haben in ihrem Leben noch keinen Psychotherapeuten auch nur von Weitem gesehen. Menschen wissen, dass es verschiedene Fachärzte gibt, auch wenn sie nicht scharf darauf sind, sie je in Anspruch nehmen zu müssen. Auf die Idee, zum Psychotherapeuten zu gehen, kommen viele aber nicht einmal dann, wenn sie schon seit Längerem massive Symptome einer psychischen Erkrankung haben. Dabei müssen sie dort weder befürchten, gepikst noch gar aufgeschnitten zu werden.

Gut wäre es, wenn sie zumindest glauben könnten, was der statistischen Wahrheit und nicht landläufigen Vorurteilen entspricht. Das ist laut einer Untersuchung der Universität Leipzig, die weit über eintausend Menschen befragte, die in den letzten sechs Jahren eine Psychotherapie machten, Folgendes: 89 Prozent waren mit dem Ergebnis der Behandlung zufrieden oder sehr zufrieden. Gesetzliche Krankenkassen übernehmen in Deutschland recht großzügig die Kosten für Psychotherapie, weil sie wissen, dass sie in den Folgejahren bei diesen Patienten viel Geld einsparen, da sie weniger krank sind und seltener in stationäre Behandlung müssen. Dennoch müssen wir Psychotherapeuten immer wieder erleben, dass Menschen oft erst nach Jahren der unnötigen Quälerei zu uns kommen, mitunter sogar erst dann, wenn eine psychische Krankheit bereits chronisch geworden ist. Und dass sie sich selbst dann noch Vorwürfe machen, es nicht alleine auf die Reihe gekriegt zu haben.

Noch einen weiteren Grund, warum man Psychologen und Psychotherapeuten entgegen unserer ansehnlichen Erfolgsbilanz gering schätzt, nannte *Psychologie heute* in dem bereits erwähnten Artikel. Uns wird zum Verhängnis, dass wir uns mit etwas beschäftigen, das scheinbar jeder kennt.

Mein Mann ist Kernphysiker. Wenn Leute mich fragten, woran er denn so forscht, musste ich – so gut ich es eben konnte – erst sehr viel erklären, bevor die Menschen irgendwann beschlossen: *Okay, klingt interessant, aber ich habe immer noch keinen Schimmer, worum es dabei eigentlich geht.* Da ich diese Unterhaltung nicht mit Nobelpreisträgern führte, kam auch keiner auf die Idee zu sagen: *Ja und? Was soll daran neu sein? Hab ich doch alles schon gewusst.*

Physiker haben es gut. Sie beschäftigen sich mit Dingen, die so klein (Atome) oder so weit weg (Galaxien) sind, dass sie – zumindest bewusst – selten Teil unseres Alltagslebens und -denkens sind. Die Psychologie hingegen erforscht gerade die Phänomene, mit denen wir es täglich zu tun haben. Genau das führt allerdings dazu, dass viele Menschen abwinken, wenn sie die Ergebnisse einer psychologischen Studie lesen und meinen, das hätten sie doch alles schon längst gewusst. Niemand schämt sich zuzugeben, dass er keine Ahnung hat, womit Kernphysiker sich beschäftigen. Doch keiner mag zugeben, dass er keine Ahnung hat, wie unsere Psyche gestrickt ist. Auch ich erlebe immer wieder dieses erstaunliche Phänomen: Menschen schalten genervt ab, wenn Psychologen irgendetwas erklären wollen, so, als handele es sich um etwas, das zum tausendsten Mal erklärt wird, obwohl doch jeder es weiß. Kratzt man nur ganz zart an der Oberfläche, stellt sich allerdings sofort heraus, dass das Wissen – gelinde gesagt – doch eher überschaubar ist.

Klar, Psychologen schieben immer alles auf die Kindheit und die Eltern. Nein, bei mir war alles in Ordnung. Woher meine Probleme kommen, weiß ich nicht.

Psychologie heute schreibt in dem bereits erwähnten Artikel dazu: *Das Kennen eines Phänomens wird oft mit genauem Verstehen verwechselt.* Je mehr etwas Teil unseres Alltags ist, desto mehr gehen wir davon aus, nun aber auch wirklich alles darüber zu wissen. So kommt es zustande, dass jede Veröffentlichung einer psychologischen Untersuchung bei Laien auf die Reaktion stößt: *Was soll denn daran neu sein? Das hab ich doch schon längst gewusst! Und dafür werden meine Steuern ausgegeben? Wusste ich doch, dass es nichts Überflüssigeres als Psychologen gibt!* Wer das nicht glaubt, sollte sich einmal die Reaktionen im *Spiegel-Online*-Forum durchlesen, wenn es um irgendetwas geht, das auch nur im Entferntesten mit Psychologie zu tun hat.

Die Psychologin Daphna Baratz von der Stanford University in Kalifornien hat 1983 in ihrer Doktorarbeit zu diesem Phänomen der Psycho-Schlaumeier einen interessanten Versuch gemacht. Sie bat Studenten, sich angebliche Ergebnisse psychologischer Studien durchzulesen. Dann sollten sie beurteilen, für wie wahrscheinlich sie es hielten, dass sie allein mit dem gesunden Menschenverstand zum gleichen Ergebnis gekommen wären. Durch die Bank bewerteten die Studenten jedes Ergebnis damit, dass sie genau das aufgrund ihres gesunden Menschenverstands erwartet hätten, mit anderen Worten, dass die Untersuchung völlig überflüssig und dass dafür nur unnötig Geld ausgegeben worden war. Das Trickreiche dabei war allerdings: Darunter waren auch die angeblichen Ergebnisse von Untersuchungen, bei denen die Studien das genaue Gegenteil erbracht hatten. An der Aussage der Studenten: *Nichts Neues, hab ich doch schon vorher gewusst*, änderte das allerdings gar nichts. Mit anderen Worten: Ganz egal, was Psychologen herausfinden (mit all ihren trickreichen und fundierten mathematischen und statistischen Methoden) – die Leute denken *immer*, sie hätten das doch von jeher gewusst.

Natürlich gibt es zu den Dingen, die uns beschäftigen, eine

Menge Meinungen, und viele davon sind uns im Laufe unseres Lebens bereits begegnet. Einige davon haben bestimmt auch tatsächlich dem entsprochen, was Psychologen herausgefunden haben. Schon setzt unser freundliches und durchaus flexibles Gedächtnis uns den Floh ins Ohr: *Das hab ich nicht nur irgendwann schon einmal gehört – sondern schon immer gewusst!*

Aber so funktioniert Wissenschaft nun einmal. Zuerst existieren Theorien, dann müssen sie überprüft und bewiesen werden. Für uns ist es gerade das Spannende, dass etwas, das bisher nur als eine von vielen Meinungen oder Theorien existierte, nun einem Beweis zumindest ein ganzes Stück näher gekommen ist.

Was die ganze Sache für die Psychologie noch schwerer macht, ist die Tatsache, dass die Journalisten, die Forschungsergebnisse außerhalb der Fachzeitschriften veröffentlichen, keine Wissenschaftler sind. Somit ist ihre Aufgabe nicht die wissenschaftliche Exaktheit, sondern – je nachdem, für welches Blatt sie schreiben – eher eine komplett entgegengesetzte. Wo ein Wissenschaftler genauer als genau sein muss, müssen sie mitunter eher sehr grob vorgehen, damit schon die Schlagzeile am Kiosk den »Nimm-mich-mit-Effekt« hervorruft.

Vor vielen Jahren erschien unsere bekannteste Boulevardzeitung mit der Überschrift: »Haarefärben verursacht Krebs!« Das fand ich nicht schön. Als jemand, der zu seiner natürlichen Haarfarbe seit vielen Jahrzehnten nur noch losen Kontakt hält, hat mich das persönlich betroffen. In dem Artikel stand, dass in Tierversuchen erschreckend viele Tiere durch Haarfärbemittel an Krebs erkrankt seien. Es vergingen Jahre, bis ich irgendwo einen winzig kleinen Nachtrag las, von jemandem, der sich die damals erwähnte Studie noch einmal genauer angesehen hatte. Nach kurzem Rechnen fand er heraus, dass die Schlagzeile tatsächlich stimmte. Umgerechnet von Ratten auf Menschen müsste eine Frau nur jeden Tag etwa acht Liter Haarfärbemittel trinken, um mit großer Wahrscheinlichkeit an Krebs zu erkranken. Nageln Sie mich nicht auf die acht Liter fest, das Ganze ist schon viele Jahre her, vielleicht waren es auch fünf oder zwölf. Aber die Geschichte zeigt, dass wissenschaftliche Studien, um einer breiteren Öffentlichkeit überhaupt bekannt zu werden, vor allem spektakulär sein müssen. Ob sie stimmen oder nicht, spielt dabei eine untergeordnete Rolle. Bei den psychologischen Studien kann man sich in der Regel darauf verlassen, dass sie stimmen. Besonders spektakulär sind sie allerdings häufig nicht.

Obwohl – dass der allergrößte Teil der Psychotherapiepatienten mit dem Ergebnis ihrer Behandlung überaus zufrieden ist, ist ja eigentlich schon so erfreulich, dass man es der Öffentlichkeit hätte mitteilen können, oder nicht? Aber völlig unnötig zwangsvergiftete Versuchstiere sind offenbar doch schlagzeilentauglicher.

Natürlich können auch wir Psychotherapeuten nicht jeden Menschen retten, der unglücklich ist. Aber unsere Erfolgsquoten sind beachtlich, gerade bei depressiven Patienten. Warum ist es trotzdem nach wie vor für viele Menschen – gerade für Männer – so wenig selbstverständlich, rechtzeitig oder auch nur überhaupt zum Psychotherapeuten zu gehen? Ebenso gibt es auch Menschen, die grundsätzlich der Meinung sind, heute renne jeder viel zu schnell und bei jedem Zipperlein zum Arzt. Allerdings sollte dabei nicht unerwähnt bleiben, dass die moderne Medizin dafür sorgt, dass wir eine erheblich gestiegene Lebenserwartung haben. Warum das früher anders war, glauben wir zu wissen. »Die Menschen wurden in früheren Jahrhunderten einfach schneller alt«, ist gängige Meinung. Sie hätten sich schlechter ernährt und seien größeren körperlichen Strapazen ausgesetzt gewesen. Das stimmt natürlich. Allerdings gab es auch vor vierhundert Jahren schon Hundertjährige. Ein Großteil der geringen Lebenserwartung unserer Vorfahren geht auf das Konto unheilbarer Krankheiten, die heute ausgerottet oder zumindest behandelbar sind.

Machen Sie einmal ein kleines Gedankenexperiment. Überlegen Sie, wer von den Menschen, die Ihnen besonders nahestehen, vor etwa vierhundert Jahren sein aktuelles Alter tatsächlich erreicht hätte. Meine diesbezügliche Bestandsaufnahme war verheerend. In meinem Umfeld wäre praktisch niemand mehr am Leben, mich selbst eingeschlossen. Manche hätten bereits ihre Geburt nicht überlebt, wären im Kindesalter an einer damals noch tödlichen Krankheit gestorben, hätten keine Chance gehabt, ihre Krebserkrankung zu besiegen oder wären zumindest blind.

Natürlich sollten wir skeptisch bleiben, und natürlich sollte aufmerksam gemacht werden, wenn etwas in Medizin oder Psychotherapie nicht so läuft, wie es sollte, oder wenn einem Patienten gar geschadet wird. Aber das muss auf der Basis von Fakten geschehen und nicht auf der von unbewiesenen Vorurteilen. Niemand sollte leiden oder sterben müssen, weil er nicht rechtzeitig zum Arzt geht. Niemand sollte leiden oder sterben müssen, weil er nicht rechtzeitig zum Psychotherapeuten geht. Ebenso, wie vielen körperlichen Erkrankungen ohne Hilfe eines Arztes nicht beizukommen ist, brauchen auch viele psychische Krankheiten den Psychotherapeuten, um besiegt werden zu können.

Mir haben schon öfter Patientinnen, die einen netten Mann kennengelernt hatten, erzählt, sie hätten ihm gesagt, dass sie eine Psychotherapie machen. Der habe daraufhin gemeint: »Das brauchst du doch nicht mehr, du hast ja jetzt mich!« Wenn sie das erzählen, grinsen wir uns in der Regel vielsagend an. Denn auch die Patientinnen haben zu diesem Zeitpunkt gemerkt, dass das eine das andere nicht ersetzen kann.

Die Autorin Elke Heidenreich, die zwar keine Kinder, aber Katzen hat, wurde einmal gefragt, ob ihre Katzen Kinderersatz seien. Sie antwortete, wenn sie Kinder gehabt hätte, wären die nur ein unzureichender Katzenersatz gewesen.

Kinder sind eine tolle Sache, und Katzen sind eine tolle Sache, aber eins kann das andere nicht ersetzen. Ein netter Partner ist eine tolle Sache, und ein kluger, verständnisvoller Psychotherapeut ist eine tolle Sache. Aber einer kann den anderen nicht ersetzen.

Nur weil man einen netten Kerl hat und der Sex mit ihm gut ist, bedeutet das schließlich auch nicht, dass man nie mehr zum Frauenarzt müsste. Denn der kann nicht nur an Stellen gucken, die der Partner nie zu Gesicht bekommen wird (und das ist auch gut so), sondern er weiß auch, was zu tun ist, falls er dort auf etwas stößt, das uns krank macht.

Beim Psychotherapeuten ist es im Prinzip das Gleiche. Auch er schaut dahin, wohin kein Partner je schauen kann (und das ist auch gut so): ins Unbewusste. Er weiß auch, was zu tun ist, falls er dort auf etwas stößt, das uns krank macht.

Dazu noch ein letztes Beispiel aus meiner Praxis.

Es handelt sich um eine Patientin, die berichtet, in dieser Woche habe sie wieder einmal sehr gegen auftauchende Selbstmordgedanken ankämpfen müssen.

Was sie ausgelöst hat, weiß sie nicht. Jedoch fällt ihr nach einiger Zeit eine Szene ein. Sie kommt ihr deshalb in den Sinn, weil sie vom hilfsbereiten Unbewussten in den Aufzug gesetzt und ins Bewusstsein geschickt wurde. Jedenfalls erinnert sich die Patientin plötzlich, dass sie im Supermarkt an der Kasse stand. Es war ihre Mittagspause, sie hatte es eilig, im Einkaufswagen waren die Lebensmittel, die sie brauchte, um abends nicht hungrig ins Bett gehen zu müssen. Da sei ein Mann mit nur einem Artikel in der Hand gekommen und habe sich mit den Worten: »Ich darf doch? Ich hab's eilig!«, vorgedrängt.

Gespannt frage ich, wie es der Patientin damit gegangen sei. Man könnte annehmen, sie würde jetzt antworten, sie habe sich geärgert. Auf Nachfrage kann sie sich tatsächlich erinnern, dass hinter ihr einige Leute gemurrt hätten, denen der Drängler schließlich auch Zeit gestohlen hatte. Was ihre eigenen Gefühle betrifft, weiß die Patientin nur noch, dass es ihr ab diesem Moment zunehmend schlechter gegangen sei. Sie habe sich über sich selbst geärgert, dass es ihr nicht gelungen sei, den Mund aufzumachen und dem Mann zu sagen, sie habe es mindestens genauso eilig und er solle sich gefälligst hinten anstellen. Vielmehr habe sie das Gefühl gehabt, so etwas geschehe immer nur ihr. Auf dem Weg zurück zur Arbeit habe sie sich gefragt, woran das liege, im Allgemeinen und in diesem besonderen Fall.

»Wahrscheinlich hat er mich für eine Hartz-IV-Empfängerin gehalten«, meint sie. »Er hat gedacht, die hat eh nichts Besseres zu tun, also kann ich mich ruhig vordrängeln.«

Sie sei zu dem Schluss gekommen, es liege wohl daran, dass sie sich in letzter Zeit etwas vernachlässigt habe, dass sie wenig Lust habe, zum Friseur zu gehen oder sich etwas Neues zum Anziehen zu kaufen. Diese Selbstabwertungen waren im Verlauf des Tages immer heftiger geworden und hatten schließlich dazu geführt, dass die Frau dachte, eigentlich habe sie gar kein Recht zu leben.

Kleine Ursache, große Wirkung?

Eigentlich nicht. Wo etwas so dramatische Folgen hat, ist auch die Ursache gewichtig. Was wir hier gesehen haben, war nur die winzige Spitze des Eisbergs.

Hier hat jemand gründlich gelernt, alles, was mit Wut in Zusammenhang steht, auf dem allerschnellsten Weg ins Unbewusste zu befördern. So schnell, dass das Bewusstsein davon allenfalls noch ein paar verwischte Streifen sieht, wie im Comic.

Ich habe erwähnt, wie wichtig es ist, dass wir für unsere Gefühle die passenden Begriffe lernen, um sie besser einordnen zu können. Wenn man kindliche Wut mit »Du bist ein böses Kind!« bezeichnet und das ein paar Tausend Mal wiederholt, hat man gute Chancen, damit einen depressiven Erwachsenen zu produzieren, der nicht erkennen kann, wenn er sich über etwas geärgert hat. Meist kriegt er nicht einmal mehr die zugrunde liegenden körperlichen Reaktionen mit. Man will nicht böse sein. Weder will man ein böses Kind sein noch ein böser Erwachsener. Man will geliebt werden. Also werden alle diesbezüglichen Impulse auf der Stelle gemeuchelt beziehungsweise im tiefsten Keller des Unbewussten eingekerkert.

Das Dumme ist nur – weg ist die Wut deshalb noch lange nicht. Sie kann bloß nicht mehr nach draußen. Dafür richtet sie im Inneren umso größere Verwüstungen an. Sie wendet sich gegen einen selbst, in den unterschiedlichsten Formen, bis hin zu Selbstmordgedanken.

Verschärfend hinzu kommt noch, wenn man beispielsweise eine Mutter hatte, die selbst depressiv war und mit Selbstmord gedroht hat. Das ist für Kinder so unendlich erschreckend, dass sie sich am liebsten gar nicht mehr bewegen wollen, um bloß nicht einen diesbezüglichen Impuls bei der Mutter auszulösen. Oder wenn man einen aggressiven Vater gehabt hat, der seine Wutimpulse so wenig im Griff hatte wie ein Zweijähriger mitten in der Trotzphase. Da beschließt das Unbewusste sehr früh: *So will ich nicht werden.* Vorsichtshalber wird man auch in einem solchen Fall am besten überhaupt nicht mehr wütend.

Die Aufgabe eines Psychotherapeuten ist es dann, geduldig und behutsam immer wieder in die kleine Wutflamme des Patienten zu blasen, bis daraus irgendwann ein halbwegs anständiges Feuerchen wird.

Keine Angst, unsere Welt wird dadurch nicht schlechter und grausamer, als sie es bereits ist. Auf die Seite des ungehemmt um sich Schlagenden werden diese Patienten nicht wechseln. Morde werden damit nicht angeregt, nur der eine oder andere Selbstmord verhindert.

Wir lenken die Aufmerksamkeit des Patienten auf den Augenblick, in dem er den Ärger verdrängt. Mit Zeit und Übung können die Abstände zwischen dem, was geschehen ist, und dem Erkennen, dass man sich geärgert hat, verkürzt werden. Zunächst merkt man vielleicht nur, dass es einem seit einigen Tagen schlechter geht, und kann – am Anfang nur mithilfe der Therapeutin – herausfinden, dass das in einer bestimmten Situation seinen Anfang genommen hat. Und dass man sich damals offenbar geärgert oder verletzt gefühlt hat. Irgendwann bemerkt man das schon am Tag nach einem derartigen Erlebnis oder sobald man wieder allein ist. Es braucht Zeit, bis diese neue Gefühlsvokabel gelernt ist, ebenso lange wie beim Erlernen einer neuen Sprache. Unter

Umständen dauert es noch ein bisschen länger, bis der Patient zeitnah auf die neue Verknüpfung stößt: *Mir geht es heute wieder so schlecht – wer hat mich geärgert?*

Unsere Helfer dabei sind alle spontanen Reaktionen, die aus dem Unbewussten kommen. Bereits die ersten Psychoanalytiker nutzten sie, indem sie die Patienten aufforderten zu sagen, was ihnen ohne Überlegung in den Sinn kam, was sie taten, ohne es zu wollen, und was sie träumten. Auch heute noch nutzen viele Therapeuten dieses Instrumentarium, aber seither ist noch einiges andere dazugekommen. Auch ich frage meine Patienten, die dazu neigen, falsche Entscheidungen zu treffen (oder auch nur schädliche Gedankengänge zu entwickeln, wie die Dame an der Kasse), was denn ihr allererster, ihr spontaner Impuls war, und praktischerweise können sie sich fast immer daran erinnern, auch wenn der Vorfall schon einige Zeit zurückliegt. Man könnte auch sagen, das Unbewusste – auf das ich ja nichts kommen lasse – ist so nett und hilfreich und reicht ihnen das fehlende Erinnerungsstück. Im Fall der Patientin an der Kasse war der erste, spontane Impuls Ärger. Wäre sie diesem Impuls gefolgt, hätte sie wohl schlicht und einfach Nein gesagt. Die psychotherapeutische Arbeit besteht darin, nachzuforschen, wie man wohl gelernt hat, nicht Nein sagen zu dürfen. Durch die Beschäftigung damit wird man in solchen Situationen aufmerksamer, bemerkt den ersten Impuls mit der Zeit schneller und kann neue Entscheidungen treffen. Voraussetzung hierfür ist allerdings, überhaupt erst zu begreifen, warum das Nicht-Nein-sagen-Dürfen so lange ehernes Gesetz war. Es war es darum, weil es zu einer Zeit gelernt wurde, als man noch so von den Eltern abhängig war, dass man ihre Lehren nicht infrage stellte.

Später ist einem nicht mehr bewusst, dass man eben nicht über einen freien Willen verfügt, sondern in dem gefangen ist, was einen geprägt hat. Das geht so lange gut, bis Symptome – in diesem Fall eine Depression – auftauchen, die zeigen, dass das Gelernte dabei ist, die natürlichen Impulse des Unbewussten zu Tode zu strangulieren.

Wenn Patienten einen längeren Kontakt mit jemandem vor sich haben, der sie in der Vergangenheit schon öfter verletzt hat – beispielsweise den großen Geburtstag bei Tante Ilse, die garantiert wieder fragen wird, warum man denn immer noch keinen Mann und Kinder hat –, schlage ich oft vor, zwischendurch, wenn sie allein sind, beispielsweise auf der Toilette, einmal kurz in sich zu gehen und nachzuspüren, wie es ihnen geht. Das ist die Chance, einigermaßen zeitnah herauszufinden, ob vielleicht noch irgendwo im Fleisch ein hinterlistig von Tante Ilse platzierter Stachel steckt, bevor man erst Tage später merkt, dass man Entzündungen in Form düsterer Gedanken davongetragen hat. Allein, denken zu können: *Hat sie mich doch wieder geärgert, das alte Luder!*, wirkt überaus befreiend. Dann ist es gar nicht nötig, den Laden aufzumischen, indem man zurück zur Gesellschaft geht und Tante Ilse eine Gesichtsmaske mit ihrer eigenen Buttercremetorte verpasst.

Das eben ist der Unterschied zwischen gründlichem Aufräumen und Umstrukturieren im Rahmen einer Psychotherapie und dem, was ein freundlicher Partner dazu sagen könnte. Der wäre in der Regel recht hilflos, könnte allenfalls trösten, über den rücksichtslosen Vordrängler schimpfen oder den Rat geben, sich nicht alles gefallen zu lassen. Nichts davon würde tatsächlich etwas ändern.

Überhaupt die Einmischerei in Psychotherapie und Vergleichbares von Menschen, die sicher wohlmeinend sind, aber keine Ahnung haben, wovon sie da reden! Noch viel mehr als wir müssen die Psychiater darunter leiden. Es gibt nun einmal sehr schwere psychische Störungen, die mit Medikamenten gut bis sehr gut in den Griff zu bekommen sind und die den kranken Menschen ermöglichen, sehr viel mehr Zeit als früher (wenn nicht gar die komplette) außerhalb der Psychiatrie verbringen zu können. Kaum haben diese Patienten sich damit einigermaßen stabilisiert, kommt garantiert so ein Herzchen an und meint: »Dir geht es doch gut, warum nimmst du das Zeug noch? Das kann doch nicht gesund sein! Bestimmt hat das furchtbare Nebenwirkungen!«

Dann werden die Tabletten abgesetzt, und spätestens ein paar Wochen später sitzt man wieder in dem Loch, aus dem man sich so mühsam rausgewurschtelt hatte. Oder in der Psychiatrie.

Oder man geht damit gar ein noch höheres Risiko ein. Schließlich wurde ein Zusammenhang zwischen der Zunahme der Verschreibung antidepressiver Medikamente und der Abnahme an Selbstmorden nachgewiesen.

Es käme doch auch keiner, der noch bei Sinnen ist, auf die Idee, zu einem Diabetiker zu sagen: »Was brauchst du noch das Insulin, du hast doch mich?«

Natürlich will ich damit nicht sagen, dass *jeder* Arzt immer genau weiß, was er tut. Wir haben auch mit Patienten zu tun, deren Hausarzt ihnen fröhlich über Jahre hinweg Psychopharmaka verschreibt, ohne auch nur einmal das Wort Psychotherapie in den Mund zu nehmen.

Was den Impuls betrifft, eine Psychotherapie zu beginnen, ist unser Unbewusstes also eher konservativ. Unsere inneren Angestellten sind zwar furchtbar fleißig und klug, aber manchmal etwas festgefahren. Da muss der Chef neue Impulse geben, vor allem, wenn es darum geht, einen grundsätzlichen Systemfehler zu beheben. Die Angestellten werden der Meinung sein, dass es noch nie viel gebracht habe, da jemanden von außen dran zu lassen, dass das die Sache nur verschlimmern kann und dass man besser noch ein bisschen abwartet, ob sich die Sache nicht von allein wieder regelt. Manchmal ist es schwer, aus alten Denkmustern rauszukommen, wenn die Firma etwas schon immer so gemacht hat. Da ist es dann wirklich Aufgabe des Chefs, gegen den Widerstand der Angestellten zu sagen: »Nee, wir haben lange genug allein rumgebastelt, jetzt holen wir uns Hilfe von außen.«

Wer sicher gebunden war, hat die Erfahrung gemacht, dass man sich anderen Menschen anvertrauen kann. Allerdings werden die sicher Gebundenen selten einen Psychotherapeuten brauchen. Die Übrigen könnten von einer Psychotherapie insofern profitieren, als sie dort einiges von dem nachholen könnten, woran es in ihrer Frühzeit mangelte. Interessant wird das spätestens dann, wenn sie selbst daran denken, Kinder zu haben und sichergehen wollen, dass sie imstande sein werden, deren Unbewusstem eine solide Aussteuer mitzugeben. Allerdings haben die nicht sicher Gebundenen wiederum eher nicht die Erfahrung gemacht, dass es sich lohnt, von anderen Menschen Gutes zu erwarten. Sie werden deshalb Psychotherapeuten gegenüber misstrauischer sein, als die es verdient haben.

Kommt es schließlich doch dazu, dass jemand sich Hilfe holt, besteht ein Großteil der psychotherapeutischen Arbeit darin, Missverständnisse zwischen dem bewussten und dem unbewussten Teil der Patienten aufzuklären. Statt sich dem Unbewussten anzuvertrauen, haben sie gelernt, ihre natürlichen Instinkte zu unterdrücken. Das findet das Unbewusste natürlich nicht so prickelnd, denn es ist dafür zuständig, uns gesund zu erhalten, und weiß, dass so was auf Dauer krank macht.

Vertrauen wir also mehr auf das, was uns seit Urzeiten begleitet, was uns leitet und beschützt, und nicht auf das, was einst gesund war und verbogen worden ist.

Seien Sie neugierig. Erfreuen Sie sich an dem, was Ihr Unbewusstes Ihnen alles an Hilfreichem, Kreativem, Heilendem zur Verfügung stellt.

Seien Sie ein netter Chef Ihrer inneren Angestellten. Nehmen Sie ernst, was von ihnen kommt, tun Sie es nicht ab und beschimpfen Sie sie vor allem nicht als Schweinehunde.

Schließlich sind sie in den meisten Fällen schlauer als wir.

Dank

Wiederum gilt mein Dank meinen bewährten Probelesern Inez Corbi, Anne Dietrich, Dr. Viola Dioszeghy-Krauß, Dr. Tomke van den Hooven, Angelika Kremer, Sandra Lode, Christoph Lode, Dr. Andreas Timm und Sabine Wassermann. Danke für eure Anregungen, für Lob, Kritik und Literaturhinweise.

Mein Dank gilt dem Team der Literarischen Agentur AVA und des Heyne Verlags, die mich bei diesem Projekt, das mir besonders wichtig ist, so engagiert unterstützt haben. Und natürlich möchte ich auch meiner wunderbaren Redakteurin Angelika Lieke danken.

Vor allem gilt mein Dank meinen Patienten, die mir erlauben, sie auf den abenteuerlichen Expeditionen in ihr Unbewusstes zu begleiten.